枫哥品性之四

# 性与影视

张枫◎主编

南方日报出版社
NANFANG DAILY PRESS
中国·广州

## 图书在版编目（CIP）数据

性与影视 / 张枫主编. -- 广州 ：南方日报出版社，2011.11（2025.9 重印）
（枫哥品性）
ISBN 978-7-5491-0268-6

Ⅰ. ①性… Ⅱ. ①张… Ⅲ. ①性学—关系—电影—通俗读物②性学—关系—电视—艺术—通俗读物 Ⅳ. ①C913.14-49②I-49

中国版本图书馆 CIP 数据核字(2011)第 222219 号

XING YU YINGSHI
**性与影视** 张枫 主编

出版发行：南方日报出版社
地　　址：广州市广州大道中 289 号
电　　话：(020) 87363865
经　　销：全国新华书店
印　　刷：广州市新怡印务股份有限公司
开　　本：889mm×1194mm　1/32
印　　张：3.25
字　　数：50 千字
版　　次：2011 年 11 月第 1 版
印　　次：2025 年 9 月第 3 次印刷
定　　价：20.00 元

投稿热线：(020) 87360640　　读者热线：(020) 87363865
发现印装质量问题，影响阅读，请与承印厂联系调换。

# 目录

性与影视

枫哥品性之四

## 序

## 上篇

## 下篇

# 一切色相皆为空

有位导演说起都市里的情与欲时，说压抑可以变成一种臭鸡蛋，好臭好臭，人们还把它当成一个咸鸭蛋，吃得很乐。

这要是用来形容性与电影的关系，倒也很贴切。

性，在生活中向来被视为敏感而禁忌的元素，大家小心翼翼不敢触及，但在电影里，却是时常探讨的热门话题。因为性所涉及的多个层面：爱与欲，婚姻与伦理，压抑与解放，性之美与罪等，都存在着深刻的冲突和模糊地带。电影大师们正好大做文章，从生活深处着手，加上自己的见解与思考，用特定的手法，对这些衍生的永恒的话题一一进行呈现。

而本书选出来的影片之所以称为艺术的经典，道理也在于此。

先说爱与欲。

有个比喻很有意思。说什么是欲望和爱情，就像理发店地上剪了很多头发丝，你能分得清哪些是你的哪些是别人的吗？可见欲望和爱情的分界如此艰难。

就像《色，戒》所反映的，男女之间关系的征服与被征服，很难说易先生早已像蛇一样钻进王佳芝的身体，钻进她的心，还是王佳芝先用色征服了易，再用爱俘虏了他。而此中，爱与欲望的分割，男女主人公自己也分不清楚。

《漂流欲室》对此也有很精彩的描述。哑女和警察互为鱼饵、互相咬钩的占有与被占有的生活关系，让他们迷失在各自的欲望里找不到出路。尤其影片的结尾意味深长，人对于逃出男女欲望的迫切，却又无可奈何。

再说婚姻与伦理。婚姻中会出现这样那样的问题，是因为我们要面对倦怠期，要面对出轨，要面对中年危机。为了应对，有的出外寻找新鲜与刺激，有的说谎话与大话掩饰情欲，有的尝试突破常规，必然与传统的道德伦理相冲突。

《性、谎言与录像带》可谓经典，丈夫与情人鬼混隐瞒妻子，妻子强装“性福”隐瞒众人，两人保持着婚姻的外壳，只能对着冰冷的镜头展现真相，让人不得不思考婚姻的真谛到底在哪里？《美国丽人》也很现实，步入不惑之年的男人，重复着琐碎的家庭生活，事业困顿不前，在一片低潮中，对于眼前闪现的青春鲜活的身体，怎能不引起内心的无比骚动与躁动？《情迷干洗店》中，为了突破年复一年的沉闷的夫妻关系，一对传统老实的中产夫妻甚至走向了迷情的边缘。情欲与道德，诱惑和伦理，就像锅贴的两面让人备受煎熬。

但从现实角度出发，女性才是更加压抑的群体。这跟父权社会有关，男人是主导，女人说“我要”那是大逆不道的。在与性有关的影片中，很多出于传统视角，也大多数谈论着男人的欲望，女人居于从属地位配合男人的角色。随着女性社会地位的提高，女性意识抬头，她们开始积极关注自身的需要和满足，在性的观念和地位追求上发生变化，导演们开始用镜头去探索女性情欲。

法国电影《罗曼史》是争议性导演凯瑟琳·布雷亚的代表作。她站在女性主义的立场，通过大胆的性元素，重在从女性角度直接传达她们的个人经验。女人不再只甘心受男人摆布，不是妥协与忍受，而是主动寻求性的快感，挖掘内在感受。有人把她视作第一个从真正女性视角出发来思考男女关系的导演。此影片对于唤起女性的自主意识有积极推动作用，但如果像女主人公那样为了追寻性自主而遭受强暴，那就是一条危险之路。

《本能》中，最具诱惑性的镜头是莎朗·斯通在警察局受审时，大展性感地坐着交换了一下的修长双腿。这可以看作是女人情欲上对于男人的挑战。而影片中也时时展露她要与男性争夺性爱上的主动权，每当男性高潮时，她会从床下拿出一杆冰锥刺死对方，女性情欲到达另一种极致。

《欲望都市》则表达了一种自如的境界，女性们热爱性，享受性，追求着爱与性的统一，诠释了女性对自己的性生活的理解和选择。

另外一个值得关注的群体是同性恋者。他们因为性取向的不同，长期受到主流社会的排挤，处于社会的边缘，生存状态和情感生活受到导演们的关注。

从张元的《东宫西宫》到王家卫的《春光乍泄》，再到李安的《断背山》等，一再突破主流社会的文化与价值观，展现“同志”的艰难处境、纠缠的爱欲、不为世俗接受的真挚感情，在世界范围内引起广泛关注，也让人们对这个群体多了一份了解与理解。



以上种种关系、各类人群在达到冲突的顶点时，一旦失控，就可能走向犯罪的极端。性是美的，所以才吸引那么多人前赴后继，但性又是带着原罪的，在本能的驱使下，欲罢不能，从而容易走向毁灭的深渊。《巴黎的最后一夜》、《漂流欲室》、《本能》、《撒玛利亚女孩》等都给我们带来警示。

社会发展至此，曾经避开的领域，比如女性情欲和同性恋题材都有所表现，并在世界级电影节上拿奖，这不得不说是社会的进步。而回想过往，从《庐山恋》惊世骇俗的一吻，到充满原始性能量的《红高粱》，到《阳光灿烂的日子》的青春性启蒙，都是掀开蒙娜丽莎神秘微笑的起始点。时代在推动电影内容更新，电影又在倡导思索新的时代内容。众所周知，在拍摄与性有关的电影里，日本先行，占据着主导地位，甚至拍出许多挑战感官极限的电影，凌驾于欧美影片之上。但现在，韩国和泰国等亚洲国家电影的崛起，拍出不少佳片，也开始占据一席之地。

所以，性的元素会更加多元化地反映在电影中。对欲望的沉重表达，快乐至死的变态情欲，让人震惊的“性情节”或“性场面”描绘，包罗万象，也必定招来争议和抨击。但实际生活中，太多太多的的命题，本身就没有答案。电影只能作为一种桥梁，无论从题材还是表达手法上，让“性”具备更大的发挥和思索空间。

布雷亚说：“我唯一的目的就是通过制作‘大胆的电影’，激起人们寻找真理和真实的精神。”这种意识渗透在很多经典电影里，有一种清醒而痛苦的反思，触及人们的深层心理、精神层面和社会文明化进度。苍井空说：“我脱光衣服在镜头前是为了生存，而有些人穿着衣服在镜头前只是为了私欲和欺骗。”这话可谓一针见血。经典电影就算脱得干净利落，也能表现严肃的主题。

说到底，一切色相皆为空。不管如何情欲纠葛，欲说还休，保有那份对生活的思考和清醒，才能更自如坦然地面对。经典电影的情色艺术，也是我们生活的艺术。

# 上篇

# 《庐山恋》：划时代的吻

## （首映时间：1980年）

一辆车风尘仆仆地驶往庐山，车上一个美丽的女孩眉头紧锁，似有满腹心事。

她是侨居美国的前国民党将军周振武的女儿周筠。这次旧地重游，她的心里溢满了对另一个人的思念："耿桦，我去哪里找你呢？"

5年前，中美关系刚刚解冻，周振武激动地让读大学的女儿回国看看。周筠带着父亲绘制的庐山游览路线图，踏上了这个风景如画的地方。

在风景点枕流石，周筠兴致勃勃地拍着照，却发现有个冒失鬼闯进了她的画面。她的眼光找寻过去，一个英俊的男孩正坐在石头上看书，她大喊："同志，同志——"男孩看得太入神，纹丝不动。情急之下，她扔了块石头过去，男孩抬起头，慌张地说着"对不起"，就跑了。周筠有点懊恼："怎么就把人家赶跑了呢？"

第二天，周筠按照父亲的路线图继续游览。她看到一个身影正背对着自己在画画，便好奇地上去打招呼。是那个男孩！他又一脸慌张地说："我又挡你镜头啦？"原来他喜欢建筑，正专心致志地画他的现代化城市规划图呢。周筠不停地称赞他，男孩却腼腆地告别走了。

第三天一早，周筠就已经穿梭在山林间了。云雾缭绕中，突然听到有人在大声练习英语："我爱祖国，我爱祖国的早晨！"她顺着声音找去，哈，又是他！她俏皮地用英语重复道："我爱祖国，我爱祖国的早晨！"那边声音停住了，只剩下叽叽喳喳的鸟鸣，似乎在找她，周筠立刻躲在了树后。就在这时，男孩子的母亲在叫他，他疑惑地赶紧走了，周筠才从树后出来。

第四天，突来一场急雨，周筠躲进了一个山洞里。一会儿，冲进来一个男孩，看到有异性在，又要冲进雨里，周筠一把抓住他："不看外面在下大雨吗？"男孩子尴尬地抽起烟来。周筠咳嗽着说抽烟喉咙会长瘤的，男孩子说不要她管。停了停，他把烟扔进了雨里，接着把整包烟都扔了。周筠又好气又好笑。谈话间，男孩子才知道，周筠就是那天指导他英语发音的"神秘人"。

一次次的不期而遇，让两个年轻人的心在慢慢靠拢。男孩叫耿桦，他的父亲耿烽遭受迫害还没平反，母亲又患有重病，他是陪她来庐山养病的。除了晚上照顾母亲，白天他都在学习。

周筠问："我来找你的话怎么找？"耿桦指了指自己住的房子，说："你有镜子吗？"周筠掏出化妆镜，耿桦对着

太阳光，镜面正好反射在窗户上，这就算他们的“接头暗号”了。接下来的时间，两人相约着看日出，看瀑布，观山观水，耿桦看着她说：“仙女下凡了！”周筠被他的傻样逗乐，娇嗔地说：“孔夫子！”

某天中午，两人约好去游泳，周筠苦苦等待，却不见耿桦的身影。她找到他家里，耿桦的母亲告诉她，耿桦因为和她交往过密，被抓去写交代材料了。周筠痛苦万分，觉得自己连累了他，决定明天就回美国去。她哭泣着对耿桦母亲说：“我永远也忘不了他！”晚上，风雨大作，周筠看到耿桦在窗外痴痴观望她的房间，她狠狠心，把灯关了……

一段情缘自此茫茫。

回忆着5年前的情景，周筠在呼唤：耿桦，你在哪里？

也许是命运的安排，已是清华大学建筑系研究生的耿桦，正好到庐山开研讨会。两人重逢的时刻，互相飞奔着跑向对方。“仙女”和“孔夫子”再续前缘，相伴着游览5年前未游完的景点。躺在美丽的岩石上观赏风景，周筠偷看到耿桦好看的侧脸怦然心动，但耿桦只是沉浸在山水之间。她娇羞地说：“孔夫子，你就不能主动点吗？”耿桦没听明白：“你说什么？”当他看到周筠灿若桃花的脸，恍然明白了，结结巴巴地说：“我，我……”不敢再看她。周筠被他的憨实可爱逗笑了，猛然抬起身，在耿桦脸上印了轻轻的一吻，耿桦在羞涩中又有几分惊喜。

两人约定结婚，不料又生波折：周振武和耿烽曾经是黄埔军校的同学和好友，因为在大革命期间分别选择了国民党和共产党，成为战场上厮杀的敌手。

父辈间的鸿沟难以跨越。周筠伤心地准备回美国。就在她拖着行李要离开时，耿桦带着父母亲笑盈盈地“截”住了她……

最终，冤家变亲家！

## 【枫哥点评】

庐山恋，以情动人，两颗心慢慢靠近，才演绎出那动人的一吻。这对于当今的年轻人来说，有点“天方夜谭”了。20世纪80年代，人们刚从精神和肉体的极度压抑中解脱，情感需要释放，一段纯洁而含蓄的恋爱，让人们感受到了梦想和激情。尤其在当时，那梦幻般的一吻，是多少青年人无限向往却又不敢尝试的啊！这一吻，唤醒了20世纪80年代初期人们的情爱意识，可以说，具有划时代的意义，是这个时代开始尊重个人情感的标志。2010年，拍摄《庐山恋2》，“蜻蜓点水”式的吻已经演变成了“湿身热吻”，淳朴的中国式爱情观也正在接受挑战。



**影坛地位**：1981年获第一届中国电影金鸡奖最佳女主角奖，获第四届电影百花奖最佳故事片奖、最佳女演员奖。

# 《红高粱》：野性之美

**（首映时间：1987年）**

七月初九，是九儿出嫁的日子。为了一头黑色骡子，她爹把她卖给了十八里坡烧酒作坊50多岁的麻风病掌柜李大头。九儿心不甘情不愿地上了迎亲轿子，藏了一把剪刀在身上。李大头的伙计们和队伍里唯一的轿把式一路上抬着她吹吹打打。九儿不安地张望，从帘子口偷看到轿把式打着赤膊，身板粗犷，肌肉结实。

“轿上的小娘子别偷着看，跟哥哥们说几句话吧……”“哥哥们抬你一回不容易啊！”轿把式开始发话了，其他伙计应和：“谁家的闺女啊，可惜了！”“当爹妈的心太狠了，见钱眼开啊！”按照规矩，半道上要折腾新娘子。见她不说话，轿把式下命令蹦出了一个字：“颠！”伙计们敲锣打鼓又高歌，把轿子颠来倒去，九儿快被震散了架。“不说话再颠！”轿子里传出啜泣声。伙计们停止了颠动，一片喧嚣变得寂静。

路上要经过青沙口，旁边是百十亩高粱地，他们遇上了劫匪。伙计们和轿把式被命令解了裤袋掏了钱。劫匪打起了九儿的主意，让她下轿，往高粱地里去。九儿扫看着地上蹲着的一群男人，慢慢地往高粱地走，眼神却与轿把式对视。“看什么看，走！”劫匪叫嚣。轿把式突然一个跨步上去，

抱住劫匪，众人乱攻，打死了劫匪。

九儿重新上轿，她和轿把式的眼光都变得热热的。放下帘子，九儿的小脚露半截在外面，轿把式满心爱慕地摸了一把。

送到十八里坡，九儿被人接进屋。她频频回头，轿把式也正站在坡上看她。

大晚上，九儿抡起了剪刀，新郎李大头没能近身。新婚3天后，九儿爹来接她回门，一路上教导她要顺了李家。九儿骑着小骡子只管往前冲。

突然，有个蒙面人拦腰抱起她，往高粱地里狂奔。九儿大叫，却只有高粱簌簌沙沙的声音回应她。蒙面人把九儿放下，九儿一个劲地跑，蒙面人在后面追，一把摘下面罩，九儿一看是轿把式，不跑了。轿把式抱起她，倒向了一片高粱地……

九儿又骑上了骡子。轿把式荡气回肠地高唱着“妹妹你大胆地向前走啊”为她保驾护航。随着路边摇曳的高粱，九儿偷偷地笑着。

回到家里，九儿以绝食抗争不要回李家。就在这时，李大头被人神不知鬼不觉地给弄死了。九儿又回到了十八里坡。早上，伙计们纷纷准备走人，九儿留住了他们，说烧酒作坊不能散。大伙被说动了，帮她消毒整理起后院。九儿把房间收拾得焕然一新，突然听到屋外传来一个醉醺醺的声音。

“我把高粱铺平了，她就躺下了，躺下我就痛快了……”轿把式被伙计围着大爆料。然后他指着九儿的房间说："我在那屋睡觉。我从今天开始，天天在那屋睡觉。"轿把式在酒意中喋喋不休说九儿是她的媳妇，跟他说了喜欢他。他推开门把自己的被子拎了进去。

九儿让伙计把他抬出来，轿把式越说越露骨："你这娘们，脱了裤子还行，提了裤子就不认人。"九儿恼了，抄起家伙把他打了一顿，并让伙计丢他在酒缸里。



轿把式在缸里一睡就是3天。土匪头子秃三炮绑走了九儿，他浑然不知。看着伙计罗汉大哥用钱将九儿赎回来，他后悔不已。秃三炮误认为九儿被李大头上过，怕有麻风病，并未沾她身。轿把式却以为她被糟蹋了，单刀直入秃三炮的地盘，为九儿报仇。秃三炮也被轿把式的汉子性格所震撼。

九月九酿新酒，轿把式恶作剧地往酒坛里尿尿，结果酿出从未有过的好酒。他出甑时威武的身躯，征服了伙计，也震住了九儿。当晚，罗汉放心地离开了十八里坡。

一晃9年，他们酿的酒"十八里红"远近闻名，九儿和轿把式在高粱地里的产物儿子豆儿也已9岁。

日本人说来就来了，修路修到了青沙口。他们随意奴役中国人，高粱地被踏平，已是共产党员的罗汉被活剥。九儿和轿把式们群情奋勇，决定炸掉日本人的军车报仇。在这次伏击中，日本军车被炸得粉碎，为他们送饭的九儿却被机关枪射中。

轿把式悲痛地拽紧了儿子，残阳似血，染红了整个高粱地。豆儿放声念着："娘，娘，上西南，宽宽的大路长长的宝船；娘，娘，上西南，骝骝的骏马足足的盘缠……"

## 【枫哥点评】

原始的生命力总会让人动容。爱不仅仅是美酒加咖啡、花前月下。朴实、勇敢，甚至赤裸裸的原始生命力，也是爱的表达。我们这一辈人的爱，就有这种恩情般的渗透力。相爱的人或许一辈子都没说过我爱你，甚至说不出爱是什么。但是，牵了一辈子的手，不论遇到多大的风浪，仍然是十指相扣，共同面对人生的风风雨雨。



**影坛地位：**获1988年柏林金熊奖，这是中国电影首次在世界四大电影节中获奖。

# 《阳光灿烂的日子》：风流青春

**（首映时间：1994年）**

故事发生在20世纪70年代的北京。

这是一个混乱的时代。马小军是一个从小梦想着成为战争英雄的小孩，但是由于父母都在部队，学校也无课可上，无人管教的他与部队家属院的伙伴们混在一起，整天就是胡吹海聊、闹事玩乐。当外面的世界闹得天翻地覆的时候，这帮孩子却生活在自己的阳光里。

16岁的马小军迷恋上了钥匙，并无师自通地用造出的钥匙到处开锁，趁大家工作时偷偷溜进别人家自娱自乐。有一次，他在一户人家的墙上看到了一张照片，里面的女孩微笑着，简直就是他梦中人的模样。他呆呆地看了好久，立刻就坠入了爱河。

从此他常常来到这户人家，感受着屋子里女孩的气息，也期盼着与她的碰面。一天，他听到钥匙转动声，来不及逃跑只好躲在床下，他就这样与照片中的女孩相遇了。没有发现他的女孩在他面前换了衣服，大气都不敢喘的马小军只记住了女孩脚上的绳链。

在无聊地到处打架报仇的日子里，马小军终于在几次远远的偶遇后正式见到了脚上戴着绳链的女孩。当他蹲下捡火柴时，她从他面前走过，脚步轻快。马小军反应过来后马上追了上去。

“哎，哎。”他叫住女孩，结巴地搭讪，“咱们仿佛在哪见过吧？”

“得了吧，小毛孩，你才多大就干这个了。”戴着墨镜的女孩只把他当作了不懂事的小弟弟。马小军不死心地套近乎，再三纠缠，才终于与她认识了。

原来她叫米兰，是伙伴们一直提起的人物。

再次见到米兰，两人聊得很愉快。那段时间，米兰在家养病，几乎天天与前来造访的马小军一起玩儿。到了暑假，两人已经是很熟稔的朋友。马小军约她来大院见面。

那天，等了很久，马小军以为她不会来了，谁知她只是迷了路。玩伴刘忆苦与米兰一见如故，相谈甚欢，马小军嫉妒了。他争着出风头，甚至不怕死地爬到高耸的大烟囱上，只求米兰望他一眼。他们一起看了电影，直到清晨，才由马小军骑自行车将米兰送回农场。

穿过树梢的阳光很灿烂。那是马小军一生中最美好的一天。

可是那天过后，马小军的姥爷去世，他跟随父母回了趟唐山。再回到大院，一切都不一样了。

刘忆苦跟米兰好上了。

他们有说有笑、打打闹闹，马小军看在眼里，心里很不是滋味，开始对米兰顶顶撞撞。一群人去游泳，米兰被她从前的朋友彪哥欺负，马小军拿了武器想为她出头，游过去才发现刘忆苦已经勇敢地站到了彪哥面前。

愤怒积压在心里的马小军在生日当天喝醉了。在大雨滂沱的夜晚，他骑着自行车淋得像个落汤鸡，跌进坑里又爬起来，跑到米兰家门外高声吼叫着米兰的名字。米兰很不解，问他怎么了，他终于大声地说出了心里话——“我喜欢你！”

两个人在雨中热烈地拥抱。

奇怪的是，雨过天晴，米兰竟然又像什么事都没有发生过一样。马小军非常生气，终于在一天午后闯进了米兰的房间，绝望地想要强奸米兰。米兰惊怒交加与他厮打。

“你这样有劲吗？！”衣衫凌乱的米兰生气地质问他。

他也不知怎么地，脸红耳赤地吼了回去——“有劲！”

就这样，米兰彻底和他断绝了联系。到了年底，刘忆苦当兵去了，伙伴们也分别去部队参军了。

人散了，这一段阳光灿烂的日子到此画下了句号。

## 【枫哥点评】



20世纪70年代是个纯情的年代，也是个压抑的年代。少年的冲动只能在极度恐慌中挥洒，少女的柔情只能在看似不屑的言语中表达。但是，恶劣的环境，同样催生出灿烂的青春。现在的孩子，青春期没那么压抑了，但是青春的力量又该如何迸发呢？

影坛地位：获威尼斯国际电影节银狮奖。被美国《时代》周刊评为1995年度“国际十大佳片第一名”，说“它的出现标志着中国电影跨入了一个新的时代”。

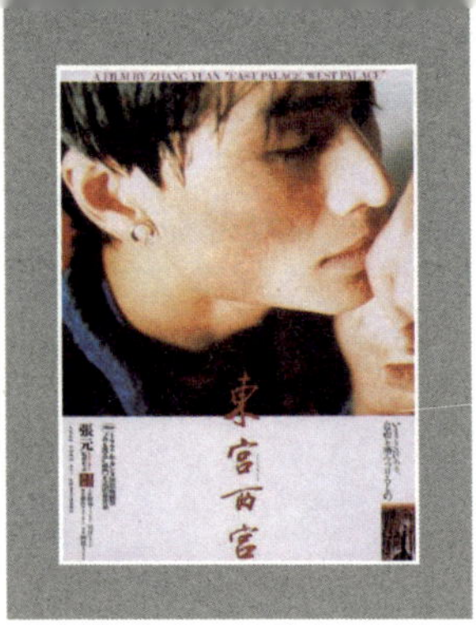




# 《东宫西宫》：虐与被虐

**（首映时间：1996年）**

在北京某公园，阿兰正在厕所洗手，被一个警察叫住了，他很镇定地应付过去。这个公园已被严密监控，因为经常有“不男不女”的同性恋在这里搞“流氓活动”。尽管如此，一到晚上，这些人还是照样接吻搂抱，忙成一团。

警察史小军每到值夜班无聊时，就在公园里抓同性恋解闷，这次他抓住了阿兰。阿兰不做声，史小军决定把他带回去审一审。就在他抓着阿兰回去时，阿兰突然回头，捧住他的脸啵了一下。史小军愕然，阿兰却挑衅地笑着，跑掉了。

多年后，阿兰给史小军寄来了一本书，扉页上写着：“给我的爱人。”史小军翻看着，一边踱步一边陷入了回忆。

史小军又一次抓住了阿兰。黑夜里阿兰不但不跑，反而气定神闲地走向他，和他对视，就像是故意让他抓到似的。史小军把他带回值班室，让他蹲下，好好交代。阿兰就自顾自地叙述起来，说他是同性恋，去医院看过，试过行为疗法，但都没用。

阿兰说他的第一个爱人是同班同学，也是现在的老婆，很漂亮很强壮，在学校能保护他。他们的第一次就发生在她家里。他俩说起班上有个非常漂亮的女同学，外号叫“公共汽车”，谁愿上都能上。他跟她说他也是女的，他就是公共汽车。在阿兰看来，“公共汽车”象征着性自由，他迫切地希望在自己身上也能贴上这个标签。

“你丫就是贱！”史小军骂他。“我从小就这样！”“从小就贱？怎么个贱法？”史小军窥私般地继续提审。

阿兰17岁中学毕业，跟改嫁的妈妈去了矿区，认识了矿长。矿长把他带去房间谈女人，还动手动脚的，阿兰就满足了他。过节的时候，矿长叫阿兰去他那里，发生关系后，却冲进来一群矿工打他，说他不要脸。这是他的第一次同性经验。阿兰却说：“假如不是这样，活着有什么意思呢！”

在审问中，史小军不停地呵斥和谩骂他，说着“最好老实点”、“你丫真是贱”的话，阿兰却始终温柔地诉说。

史小军问阿兰：“不认识怎么知道他和你一类的？”

阿兰说：“眼神。一看他的眼睛我就知道。”

他们说的是公园里有个常客，常打扮成女人的样子，要不是看他那布满青筋的手，不知道他是男的。“他和我们不一样，从不和我们做爱。我们也不和他做爱，他的主题和我们不一样。”

“认识这个吗？就是我从他身上扒下来的作案工具……”史小军从桌子里拿出那人穿的女装。阿兰不理他，

At school, he protected me.

自顾自讲。史小军感觉失去了控制感，猛然把阿兰的头按在地上，让他别说了。

“我从小有个愿望。小时候母亲总是在干活，每次我烦的时候，她就说让警察把我抓了去。这是我喜欢听到的一句话。我就等着，等着高大威严的警察来抓我，于是越发惹她心烦。这是我小时候最快乐的时光……我把自己送上门来。”阿兰露出很幸福的表情。



“自己送上门？”史小军用手铐把他铐上，又打了阿兰一耳光。阿兰很享受地闭上眼睛。史小军想用施虐维持他的权威，但这似乎正是阿兰的需要。

他说女贼爱衙役、死囚爱刽子手的故事，说和他发生关系的男人。他描述出来的那些男人的样子都像史小军，史小军成了阿兰幻想中的情人。天快亮了，史小军打开手铐让阿兰走，阿兰却不走，还说爱史小军。史小军完全陷入了被动中，恼羞成怒地要阿兰换上那套女装，拖着他出去说要带他去治病。阿兰抱他，抚摸他，说：“我没病。我的毛病就是我爱你。”史小军害怕了，打他耳光，撕他衣服，用冷水浇他，但是阿兰不断地挑逗他，抱他，吻他。一直嚣张的史小军走向了崩溃的边缘，他全身瘫软，呆呆地任阿兰吻着，身心似已麻木。阿兰占据了主导地位。

“你问了我很多问题，你为什么不问问你自己呢？”阿兰摸了摸史小军的脸，心满意足地走了。

晨曦中，史小军离开了值班室，远去的身影无比落败。

## 【枫哥点评】

同性恋者可谓边缘人群。但是，他们也有自己的情感，和异性恋者一样。他们去爱，也希望被爱。然而，爱对他们来说是奢侈的。性取向的差异，导致他们被认为是“道德沦丧”，压抑的生活也致使他们流连在公园、浴室、厕所，甚至沦落为money boy。“疏则通，堵则痛”，如果没有一个正常表达情感的环境，同性恋人群伙伴关系的不稳定造成性健康问题最终将成为一个全社会都要面对的问题，而女同性恋作为更隐秘的群体更需要被理解。

**影坛地位：**中国大陆第一部同性恋电影。1996年在阿根廷国际电影节获最佳导演、最佳编剧和最佳摄影奖；获意大利国际电影节最佳影片奖，1997年入围戛纳国际电影节“一种关注”单元。

# 《断背山》：同性爱守望

**（首映时间：2005年）**

1963年，美国怀俄明州。杰克和埃尼斯在找工作时认识了。他们赶着农场主的羊群上了断臂山。

每天埃尼斯待在宿营地弄吃的，杰克在三四里外看羊守夜，再赶回宿营地吃早晚饭。埃尼斯沉默寡言，杰克热情明朗，两个牛仔开始了互相照顾的生活。

埃尼斯为了追赶受惊而跑的骡子，受伤回到营地，饿得头晕眼花的杰克细心地帮他擦拭血渍；食物被骡子带着跑了，埃尼斯打到了麋鹿，两人开心地分享；杰克抱怨每天路上来回四小时，半夜还要防土狼，埃尼斯说换他去……两人变得越来越亲近。埃尼斯告诉杰克，因为把他养大的哥哥姐姐成家了，他没地方去才来这里的，说出了心底的话。杰克则表演他参加牛仔大赛时骑马摔跤的样子，逗得埃尼斯大笑。

聊天，烤火，喝酒，不觉天色已晚。埃尼斯只好第二天天一亮再赶去看羊。埃尼斯睡在了篝火旁，半夜冻得直打哆嗦，哼哼唧唧，被吵醒的杰克把他叫进了帐篷。狭小的空间，两人身体紧挨着睡下，也许是山上单调生活的寂寞，也许是情欲需要发泄，两人挣扎着热烈地抱在了一起……

第二天，杰克说晚饭见，埃尼斯一声不吭地走了。晚上回来，两人不说话，难堪的静默后，埃尼斯说："那是一时冲动，就当没有发生过。你知道我不是玻璃。"杰克说："我也不是。"晚上，埃尼斯却没去看羊，走进了杰克所在的帐篷。他们亲吻着，埃尼斯躺在了杰克的怀抱里。

两人开始了他们生命里最明媚的日子。大白天他们脱了衣服互相打闹，被上山的农场主窥见，以有暴风雪为由，让他们提前赶羊下山。埃尼斯穿着格子衫坐在草丛上发呆，收拾完行装的杰克用缰绳套住他催他上路，愤怒的埃尼斯和杰克打了一架，两人流着血彼此相拥。

下了山，埃尼斯懊恼地对杰克说竟把那件格子衫落在了山上。他要按照和女友的约定马上结婚，杰克则回去给爸爸当帮手，两人就此别过。杰克开车疾驰而去，却在镜子里一直看着走在路旁的埃尼斯。埃尼斯等车一开走，数度哽咽，抑制不住地趴在墙角放声大哭。

埃尼斯结了婚，生了两个女儿，窘迫的日子让他忙上忙下。杰克则娶了在牛仔大赛上认识的德州有钱人的女儿，生了一个儿子。两人在各自的轨道上生活着。

4年后，埃尼斯收到了杰克的明信片，说经过他那儿，

有空见一面。埃尼斯喝着酒，不安地在家里等待着，直到外面响起汽车的声音，他激动地跑了出去。两人情难自已，忘乎所以地在墙壁下热烈地拥抱、亲吻，似要把对方揉进自己的肉里。这一切，被埃尼斯的妻子不小心从窗户上看见了。她没有点破，痛苦地听着两人互称是最好的朋友。

杰克和埃尼斯在断背山上甜蜜地待了几天。杰克说两人找个小农庄什么的做些生意，会是很好的生活，埃尼斯恐惧地拒绝了。在他9岁的时候，他亲眼看到家乡的一个同性恋者被人打死，生殖器被硬生生地扯下。

就这样，杰克每次开车14小时，一年去见埃尼斯两三趟。他们以钓鱼为由，每年相会在他们的老地方——断背山。1975年，忍受不了的妻子和埃尼斯离婚，并告诉埃尼斯知道他的谎言，埃尼斯深受打击。

每次见面，埃尼斯和杰克都深深地感觉到时间的短暂。因为埃尼斯要忙于生计，要见女儿，杰克对他们的未来有很多打算，但都难以实现，两人只有小心翼翼地经营着。又一次的相会，当埃尼斯告诉杰克下次的见面时间要推迟时，杰克终于彻底爆发："20年我们在一起有几天？爱你爱到心痛，多希望我能放弃你。"埃尼斯也哭了，因为杰克，他没了家庭，落得一个人。两个人歇斯底里地吵了一架，杰克抱着痛苦的埃尼斯小心地安慰着，深情地注视埃尼斯离开。

谁也没想到，这是他们的最后一次见面。就在回德州的途中，39岁的杰克不幸身亡。在埃尼斯脑海中闪过的，却是杰克被人打死的猜想。按照杰克生前的愿望，他希望把骨灰撒在断背山上，埃尼斯找到了杰克的父母家。在杰克从小长大的房间里，他赫然看到那件以为忘在断背山上的沾血的格子衫，被工工整整地挂在杰克那天打架时穿的牛仔衣下。那是杰克的夙愿，愿意守护埃尼斯，永远爱着埃尼斯。

埃尼斯把衣服带回了家，珍藏在衣柜里。他把自己的格子衬衫挂在杰克的牛仔衣外面，那是他要守护杰克、永远爱着杰克的誓言。

## 【枫哥点评】

对同性恋来说，面临的最大障碍是社会世俗的偏见和不理解。他们只能掩藏自己的情感，卑微地存在着。为了掩饰自己的身份，或者难逃传宗接代的命运，他们结婚生子，必然又对自己的妻子儿女造成身心上的伤害。这样，每个人都得不到幸福。为了避免这些情况反复发生，只有寄希望于社会有更多的包容，放下偏见和歧视，让有情人终成眷属。

**影坛地位：**获第62届威尼斯电影节最佳影片。

# 《色，戒》：爱，不爱

**（首映时间：2007年）**

香港。刚刚迈入大学校园的王佳芝加入了话剧社，演出募款抗日剧，得到了民众的热烈支持。她和剧团其他6名成员跃跃欲试地投入民族自救的巨浪。

一天，剧团的邝裕民火速召集大家，说要“干一票大的”。他获知消息，他的肇庆同乡，和他因抗日死去的哥哥混过学堂，现在是汪精卫身边的汉奸易先生的副官，因内地打仗，他们躲到了香港。他计划通过同乡结识易先生，找机会把易先生干掉。

于是，王佳芝伪装成麦太太，被介绍陪易太太逛街、打牌，和易家有了来往，趁机接近易先生。易先生很少在家，就算碰到了，见面也不过几分钟，很难接近。王佳芝心里很着急。有一次，她去易家打牌，碰上刮台风下暴雨，下车的时候伞被刮跑，易先生正好出门撞见，主动帮她遮雨。

这天，易先生难得陪她们打牌。王佳芝感觉到易先生在留意她。她假装在本子上写电话给易太太，实际上是留给易看。

果然，易先生打电话来，约她去她说起的裁缝店，帮他做几套衣服。在店里，王佳芝试了一下之前拿来改的一件旗袍，正要换下，易先生定定地看着她，以不容反驳的口吻说："穿着！"他们一起去吃饭，王佳芝假装说和做外贸生意的麦先生感情不合，有意无意地撩拨着易先生。易慢慢放下戒心，气氛变得有点暧昧。

易先生送王佳芝回家。如果他上楼，藏在房间里的剧团成员打算把他干掉。但是易向来很谨慎，在门口缠绵了好久还是走了。王佳芝意识到，下一次他再打电话来就是要答应做他的情妇了。可她还未经男女之事，如何骗得过易？剧团成员只有一人因为嫖妓对这事有经验，大家派他当晚和王佳芝同床……

再接到电话，却是易太太打来的，跟她告辞说他们要搬回上海了。这对王佳芝是沉重的一击，她刚付出"献身"的代价，杀易的计划却就此泡汤。

香港沦陷，王佳芝回了上海舅妈家，继续念书。三年后，受到抗日组织吸收和训练的邝裕民找到了王佳芝，说杀易事件还没结束。易先生已掌控汪精卫的特务机关，保卫系统更加严密。他们根本找不到机会下手，邀王佳芝"出山"。

通过组织安排，王佳芝在饭店与易太太偶遇，断了3年的线又牵上了。王佳芝又成了麦太太，以跑单帮贴补家用

为名，经常带过来一些黑市都买不到的东西，深受易太太欢迎。易太太让王佳芝住进了家里，陪她打牌。

易先生如往常一般脸色阴沉地回了家，客房那边照旧传来易太太和其他太太打牌聊天的动静，他正待回房，突然，听到了王佳芝说话的声音，他脸上僵硬的线条柔和下来，顿了顿，转身走进了牌房。

阔别三年，再次相见，彼此的眼光都有些闪烁。眼前的王佳芝跟三年前不大一样，更吸引了易先生的目光，自此，在香港被迫中止的交往有了新的契机。

易先生叫司机把王佳芝带到了一间公寓。王佳芝进了房，摸着桌上的灰，正待把敞开的窗户关上，赫然发现易先生坐在黑暗的角落里看着她。还没等她脱衣，他像野兽般把她扑倒在床，解下皮带捆绑住她，完全强暴式地进入她的身体。事后，她蜷缩在床上，他把她的风衣扔在床边离开了。

一隔四天，匆匆回来的易先生一回家就进了王佳芝的房间。看见她在，他把门关上了。王佳芝说恨他，他说他相信，他已经很久不相信任何人说的话。王佳芝陡然感觉他其实很寂寞，对她的粗暴是出于对刽子手生涯的扭曲的发泄。他们亲吻、上床，王佳芝表现得越倔强，易先生就越强悍。两人陷入一次次近乎疯狂的缠绵中。而只有在王佳芝痛苦的哭喊中，易先生才能获得满足，才能够感觉到他自己是活着的。

王佳芝抱怨易先生只会让她无休止地等待他，易先生说他想着王佳芝，在听手下的报告时都不能专心。易先生叫王佳芝去酒屋会面，王佳芝唱戏给他听：“郎呀咱们俩是一条心，穿在一起不离分……”她握住易先生的手，易先生反握住她的手，头一次动容，眼眶湿润。王佳芝终于突破他残酷森严的心理防线。

易先生让王佳芝去挑了一个鸽子蛋钻戒。邝裕民决定在易先生带王佳芝取钻戒那天动手。她看到易先生一脸满足地看着她、呵护她，比照着手上无比闪耀的戒指，她犹豫了，颤抖了，对易先生说，快跑！原来，易先生早已像蛇一样钻进她的身体，钻进她的心。她以为用色相征服了他，却未曾想她早已被他用爱俘虏。

电光火石间，易先生得以逃脱。他将邝裕民和王佳芝几个一并捕获并下令处决。在处决的时辰，易先生回到王佳芝的房间，无比眷恋又痛苦地抚摸着她睡过的床单……

## 【枫哥点评】

女人迷惑男人少了性，好像就觉得不保险，可女人要是觉得靠这个就能征服男人，也实在愚蠢。多少女性以身体为砝码，想绑住男人，可是真正钓到好男人的少之又少，大多数都饱受伤害。张爱玲说：征服女人要通过她的阴道，征服男人要通过他的胃。而佛祖说过，色即是空，空即是色。一切的色相皆为空。不要把欲望当成爱。



影坛地位：获威尼斯国际电影节金狮奖，这是世界艺术电影的最高成就。

# 《蜗居》：房事有风险

（首播时间：2009年）

这是一个由房子引起的故事。

郭海萍和苏淳是大城市江洲的传统又平凡的夫妻。他们最大的梦想是拥有一套自己的房子，给女儿一个温暖的家。可是飙升的房价令他们望而却步。海萍的妹妹海藻大学毕业后留在江洲一所房地产公司工作，年轻貌美的她很快与帅气的同事小贝谈起了恋爱。虽然小贝买不起名牌东西送她，但小贝浪漫、贴心，非常讨海藻的欢心。

为女儿成长着想的海萍决心要借钱买房，她催促苏淳向父母借六万，并向妹妹开口借两万。海藻的存款不够，只好问小贝借。小贝考虑到两人的将来，不肯借。无助的海藻恰好遇上一个对她一见倾心的客户——市长秘书宋思明，宋思明在听说海藻的情况后当即慷慨解囊，令海藻感激不已。



宋思明人到中年，在官场上呼风唤雨，生活富足平顺，

唯一缺少的就是激情。与纯真的海藻一起，他感觉自己年轻起来。看到海藻的老板——房地产开发商陈寺福强迫她陪客户，宋思明出手相救。可是海藻却将欠的钱还给了他，摆明要跟他划清界限，令他很受伤。

陈寺福提拔了海藻，因此在宋思明那里得到了好处。他明白了宋的意图，从此便安排海藻去给宋送东西。两人开始有了接触。

历尽艰苦的海萍夫妻终于买到了新房，可此时苏淳却说出了令海萍伤心欲绝的消息：那六万块钱不是他爸妈的，而是借的高利贷。海萍找到妹妹痛哭诉苦，心疼她的海藻翻找小贝的存折想替她还钱，可小贝却罕见地翻脸。走投无路的时候，宋思明又一次出手相助，令海藻倍感温暖，对宋好感骤生。

圣诞夜，压抑不住思念的宋思明开车来到海藻楼下，碰到了从姐姐家回来的海藻。当问起他为何在这里时，宋鼓起勇气说："来看你！"一把将海藻拉上了车。失去思考能力的海藻最终委身于宋——那一夜他们发生了关系。可是清醒过后，两人都后悔了。

海藻开始冷淡地对待宋，但那晚的记忆盘踞在脑海，令她难以面对小贝的温柔。当她发现自己竟然想念宋时，宋打来了电话，两人相约会面。与宋在一起，海藻不仅能享受到与小贝一起时负担不起的奢侈生活，而且什么也不必担心——宋思明帮她安排姐姐临时的借住房、给她买名牌衣服、替她摆平难搞的客户、也帮她姐解决工作上的纠纷，简直就像是万能的神，海藻感情的天平不得不向他倾斜。

树大招风，调查宋思明的专案组成立了，他自己却毫不知情。过年的时候，宋还邀请海藻一起参加同学会。夜里，宋故意接小贝打给海藻的电话，说："她在洗澡，我帮你把电话给她。"两人的关系被小贝发现。而另一边，宋的同学也将两人的事告知了宋太太。宋太太找到海藻向她示威，说宋只是与她逢场作戏。既惊又怕的海藻在幽会的别墅与宋大吵一架，两人反而因此明白了对方在自己心中的重要位置，激情地纠缠。深夜他们离开时，小贝竟然出现在他们车前。亲眼目睹海藻的背叛，悲愤的小贝只能选择默默跑开。

小贝生病了，发现自己依然爱着海藻，最终决定原谅她。他问海藻是否愿意跟自己在一起，内疚无比的海藻哭着点了头。可惜，破境难圆，两人的心中都产生了弥补不了的裂缝。小贝变得沉默了，想到海藻曾与宋在床榻缠绵，他甚至失去理性地侵犯海藻。大势已去，再多的挽回也再无作用。宋给海藻发来短信，让她回到自己身边。海藻两头为难。



这时苏淳因涉嫌泄露单位机密被刑事拘留，宋动用关系帮忙解决，却不想让海藻知道。小贝无意中发现了宋让海藻回到他身边的短信，怒不可遏地决定与她分手。得知又是宋出手救助姐夫的海藻，终于可以毫无牵绊地投入宋的怀抱了。

可是一头有家的宋并不能陪伴海藻度过每个漫漫长夜。当他在妻女的责任与海藻的爱中疲于奔波时，调查组搜全了对他不利的证据。与他合作拆迁的陈寺福不小心砸死了钉子户李奶奶，调查组找到了揭发他的突破口。而在这个风口浪尖的时刻，海藻却怀孕了。

宋得知后非常开心，但预见自己将要东窗事发，宋默默地安排好海藻的出路，甚至还拜托妻子照顾海藻。伤怒交加的宋太太来到别墅，一时失控将海藻推撞倒地，令怀孕的海藻陷入险境，不但孩子不保，子宫也要摘除。听到消息的宋开车赶往医院时，死于车祸。三个月后，海藻被宋生前托其帮忙的朋友带往美国，开始了她的新生活。

## 【枫哥点评】



如今这世道，房价飙升的苦，是中国人都知道，因此这部讲述房事的电视剧才会如此受到追捧。一言以蔽之，剧中的海藻实际是靠变相卖身来帮她姐姐买房。她与宋思明最初的关系说白了就是性交易，日久生情，所谓的爱也许只是一场戏而已。用性来换钱确实是个方便的途径，简单易行、可操作性强，难怪能得到许多好高骛远的年轻女性的拥护。不过，从剧中结局可知，坏事难结好果子，最后将灵魂也出卖才是真可怕。卖身有风险，男女须谨慎啊！



**影坛地位：**播出后不断刷新收视纪录。

# 下篇

# 《毕业生》：熟女诱惑

（首映时间：1967年）

将满21岁的班杰明·布莱迪大学毕业了，家里为他庆祝，长辈们对他的优异成绩表示祝贺，并为他的未来出谋划策。可是本该春风得意的班却对未来充满不安、迷惘与惶恐。当他躲进房间逃避现实时，罗宾森太太闯了进来。

风情万种的罗宾森太太要求班送她回家，到家后又邀请班进屋喝酒、听音乐，随后以看她女儿的照片为借口，将班领上了楼。罗宾森太太执意要班帮她拉下裙子的拉链，班数次拒绝都无效，当班正想逃跑时，她脱光衣服赤裸裸地站到了班面前。

一直是好学生的班从未应付过这种场面。幸亏此时罗宾森先生回来了，班落荒而逃。

可是毕业在家的班是那么无所事事。几天后，班屈从了内心的欲望，在泰福酒店打电话约了罗宾森太太出来。

这是班的第一次，他表现得紧张又不自然。想到要与父母的生意伙伴兼有夫之妇发生关系，真不知以后该如何面对父母。他犹豫不决，三番四次想要逃跑，可事情最终还是发生了。

此后几个月，班和罗宾森太太在酒店里偷情。大多数时候他们只是做爱，什么都不说。

之后，罗宾森太太的女儿伊琳回来了。

班的父母一直希望班与伊琳约会，可是罗宾森太太却逼着他保证不和她女儿约会。班在双重压迫下，只好表面上将伊琳带了出去，却刻意飙车，带她去看脱衣舞表演，企图令她讨厌自己。

善良的伊琳并没有责骂他，自顾伤心流泪，班一下子心软了。他拼命道歉，让她别哭。班对这个女孩心动不已，他凑过去亲吻了伊琳。

两人言归于好，玩得非常愉快。送伊琳回家时，她邀请班进去喝杯咖啡，可是心怀鬼胎的班不敢进去面对罗宾森太太，只好根据伊琳的另一个提议载她去泰福酒店泡吧。

刚进酒店，几乎每一个服务生都熟络地和班打招呼。伊琳立刻察觉到了异样，班只好带她出去，向她坦白自己与一个有夫之妇维持着不正常的关系，最后他说他喜欢她。伊琳听完微笑起来，谅解了他。

第二日下着大雨，班如约开车在伊琳家门外等候。罗宾森太太突然闯进车里来，威胁班说如果他敢再跟伊琳约会，她就将班和她之间的丑事都抖露出来。不甘心的班直冲上楼，让伊琳知晓了之前他说的有妇之夫其实就是她妈妈。伊琳尖叫着让他滚。

班独自在家思考了好些天，终于确认了自己的心意：他要和伊琳结婚。他将这个决定告诉父母，自己开车追着伊琳到了伯克莱。

伊琳不想面对班。她与卡尔在动物园约会，故意冷落他。可是，她却不由自主地来到了班所住的旅馆。她问班为什么要污辱她的母亲，班说是她的母亲勾引了他，争执中伊琳大声尖叫起来。旅馆主人因此要求班立刻搬出去。伊琳看着垂头丧气收拾行李准备走人的班，内心涌起了不舍。她说："我不想你马上就走。"

班欣喜地感觉到希望就在前方。

之后，伊琳来找他，问他：“你能亲我一下吗？”班马上问她：“你要嫁给我吗？”

但是班与她母亲间发生的事令伊琳非常为难，她只能说她不知道是否该嫁给他。班日日跟在伊琳身边，不停地问她什么时候可以跟他结婚。在他觉得成功在望时，回到旅馆却见到了罗宾森先生。

罗宾森先生大声地骂他无耻，告诉他跟伊琳是不可能的。班担心地找到伊琳的学校，发现伊琳也消失了，只留下一张便条，上面写着“我爱你，但我们是不可能的”。

一意孤行的班决定要追回伊琳。他偷偷溜进伊琳家，却遇到罗宾森太太，从她口中得知伊琳将要和卡尔结婚。班觉得自己要疯掉了。他开车到学校到处打听婚礼举行的地点，一路追到了卡尔的老家。在教堂，他见到伊琳与卡尔正在神父面前接吻的场面。

一切都完了。班被玻璃门关在外面，他用力拍打着玻璃，悲痛地呼唤伊琳。

伊琳回头看到了班，她的脚步情不自禁地向他走了过来。

婚礼乱套了。班挥舞着十字架格挡着众人的拦阻，将伊琳拉出了教堂。两人一个蓬头垢面一个穿着婚纱，在乘客们好奇的目光中不知所措地坐到了巴士的后排。

前面的路不知通往何方，但已经不重要了。班和伊琳相视着大笑起来。

## 【枫哥点评】

这是一个乱伦的故事。毕业生在性与爱之间的迷茫，是一种真实的写照。性的诱惑会让人上瘾，而爱的召唤也能让人走失。有人说，爱情就是虽然在一起痛苦，却仍然希望永远在一起。正像班和伊琳一样，虽然不知路在何方，但是，在一起已经足够。当面临爱与性的选择时，遵从内心或许是唯一正确的。



影坛地位：导演迈克·尼科尔斯凭此片获得1968年奥斯卡最佳导演奖和金球奖最佳导演奖。

# 《巴黎最后的探戈》：致命邂逅

**（首映时间：1972年）**

从美国来法国定居的保罗，神情悲伤地走在巴黎街头。他深爱的妻子不久前自杀身亡，而此时，他才发现妻子生前有个情人。保罗去找他，发现两人有着相似的气质，甚至穿着同一款睡衣，就像他的再版。他难以承受妻子的背叛，又百思不得其解。

巴黎年轻姑娘让娜在保罗的公寓和他认识。保罗郁郁寡欢，拒绝告诉她一切，包括自己的名字，他也不问让娜的姓名。保罗的神秘感吸引了让娜，两人狼狈不堪地发生了性关系。保罗为了逃避妻子死亡带来的情感深渊，对让娜粗暴而疯狂，甚至羞辱她。

让娜一次又一次来到保罗的怀抱。在这个空荡荡的公寓里，只有一张做爱用的大床，她曾无数次感到害怕，但又不由自主地回来。让娜一面责问自己，一面对保罗说：“你确定我会再回来？快让我发疯了！”保罗却悠闲地吃着东西："你在想什么？一个美国人待在空屋子里很有趣？"他开始逗弄她，最后又野蛮地在她身上发泄一番。让娜哭着，毫无办法。

男友汤姆向让娜求婚，让娜试着婚纱，决定完成一个"通俗的婚姻"。她看来，要是"通俗的婚姻"行不通，就像修车那样修理，双方像穿工作服的两个工人修理一个马达。但她觉得爱情和"通俗的婚姻"不一样，爱情中的两个人不是穿着工作服的工人，而是脱下工作服，成为互相吸引的男人和女人，然后做爱。



周围是忙碌的店员，还有拍摄小组，完全照着"通俗的婚礼"的形式在走。但是，让娜穿着婚纱冒着大雨来公寓找保罗，她想要离开他，可她做不到。

保罗说着匪夷所思的话，对她一点也不客气。让娜一直忍受着保罗残忍的怪癖和性虐待，但就是无法离开。让娜说："他像其他人一样，又不一样，但他让我害怕，他懂得让我爱上他。"

保罗说："你要你的爱人保护你照顾你，你要伟大的战士建立堡垒让你躲进去不觉得害怕、寂寞和空虚，这就是你要的，对吗？"

"对。"

"你找不到这样的人。不久后，他就需要你帮他建立堡垒，从你的胸部、毛发、微笑和味道中建立，建立一个他觉得够舒适够安全，能让他崇拜他阳具的地方。"

"但是我找到了。"

"不，你是孤单的，你无法逃脱寂寞的感觉，直到你死

去……”

“但我找到了那个人。他就是你，你就是那个人。”

保罗沉吟着，似有所动。

保罗对着死去的妻子尽情倾诉，表达着她的自杀带给他内心的疼痛和迷茫。他决定摆脱阴影，找到一条出路。他搬出了公寓，不知所踪，让娜悲伤万分。

让娜带着汤姆来到了公寓，说要租下它，和汤姆在这里结婚生小孩。她要回到充满秩序的现实世界，结束与保罗那种混乱关系。她始终不知道保罗的名字。毫不知情的汤姆，却感觉到公寓里有一种不适合人住的味道。

让娜走在大街上，重获新生的保罗尾随而来，要跟她重新开始，让娜冷冷地说一切都结束了。保罗却坚持说结束就意味着新的开始。两人在一个探戈舞场谈话，保罗告诉了让娜他是个46岁的鳏夫，妻子自杀身亡，他有个小旅馆。保罗说："我爱你。"他要跟让娜住一起。神秘感消除了，让娜问："就在这烂旅馆？"保罗回答："房子、旅馆、城堡有什么差别？我爱你就好。"



舞场内，正在举行的探戈比赛接近尾声，裁判宣布：祝福最后的探戈！让娜和保罗也走进了舞场，旁若无人地跳着怪异而扭曲的舞步，就像他们之间毫无章法的关系。让娜说："我们的爱情结束了。"保罗说："如果音乐是爱情的食物就奏吧！""我们再也不会见面了，结束了。""结束，就是另一个开始，知道吗？""我要结婚了，我要走了。"保罗的失控让让娜害怕了。

她逃跑了，保罗穷追不舍，她跑回了家，保罗竟然也追了进来，有点戏谑又逗弄地说："无论你在亚洲、非洲或是印度，我都将找到你，我爱你，我要知道你的名字。"让娜说出了自己的名字："让娜。"同时，扣动了父亲留下的手枪的扳机。

保罗被打中，走向了阳台，含混不清地说："会记住"，他远眺着远方。巴黎这座空虚而拥挤的城市，布满阴霾，充满压抑，就像他漂泊的爱欲。他身体蜷缩着，死在了阳台上。

让娜喃喃自语地准备着措辞："我不认识他，我不知道他的名字，他跟踪我，想强暴我，他是疯子，我不知道他叫什么名字……”

她确实一直都不知道他的名字。

## 【枫哥点评】

漂泊的都市，漂泊的性与情。在脆弱、孤独的状态下，陌生人之间很容易发生关系，但是因为缺少了解、缺乏信任，凭那压抑的情绪和混乱的思维，很容易让人剑走偏锋，找不到解决问题的方法。我们要懂得自救，懂得疏离危险的性爱关系，躲开危险的人物。只有让自己内心变得安定，垒塑造安全的关系才能获得安全的堡垒。



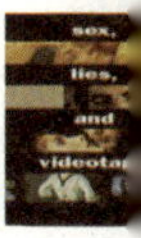


影坛地位：获1973年意大利电影新闻记者协会银丝带奖。

# 《性、谎言与录像带》：真实性生活

（首映时间：1989年）

约翰的老同学葛伦阔别9年后来访，约翰不在家，他的妻子安接待了葛伦。尽管是第一次见面，葛伦一开口就问安的婚姻生活好不好，安说挺好的。其实，安最近在做心理治疗。她对心理医生说她向来不在乎性那档事，没有也无所谓，但是约翰不碰她了还是让她觉得不安。实际上，约翰早和安的妹妹辛迪亚有了私情，安被蒙在鼓里。

安觉得葛伦与众不同，对他产生了好奇。姐姐的好奇，也引起了辛迪亚对葛伦的强烈兴趣。安是传统保守的家庭主妇，辛迪亚却是大胆粗蛮的酒吧女招待，她要求去见葛伦。安觉得这样不好，拒绝给她地址。

安在葛伦的住所看到了很多录像带，每个录像带都贴着不同女人的名字。葛伦告诉安，那是他采访不同女人所谈的关于性的内容，她们想做，她们不肯做而别人要求的。安一听，惶恐地匆忙告辞了。

辛迪亚还是找到了葛伦的住处，问葛伦是什么把安吓坏了。葛伦说是房间里的录像带。他采访女人的性爱史、性癖好，并拍摄成录像带，答应她们不给别人看。辛迪亚说能吓倒安的一定都跟性有关，并对葛伦的所为感到好奇。她看出来，性无能的葛伦是通过观看自己拍摄的这些录像带来得到满足。于是，她同意让葛伦拍摄，详尽地谈了她的第一次，还说出了和约翰上床的事情。



拍摄完，辛迪亚立刻约正在上班忙碌的约翰见面。她热情如火地和约翰上床。而葛伦脱光衣服，在家里观看刚才辛迪亚的录像带来引发快感。

约翰和辛迪亚私会，安渐渐察觉到他有别的女人。晚上睡觉时，她叫醒他开始质问。约翰坚决否认，并恼羞成怒地说她的怀疑让他很生气。他趁机指责安，他以前每次要碰她，她就厌恶地躲得远远的。安说有的女人就喜欢和男人躺在床上，还很兴奋，就像她妹妹那种的。约翰极力撇清，上演苦肉计说他刚升为律师所的合伙人，压力太大。安为自己的怀疑感到抱歉。

辛迪亚告诉约翰拍摄录像带的事情，约翰说她不该这么信任葛伦。辛迪亚说比起他来，她更信任葛伦，他发誓对安永远忠诚，却和小姨子乱搞。

安在家里打扫时，发现了辛迪亚掉落的耳环，她终于知道了真相。她伤心地找到葛伦，要求录影。录完影回家，她对约翰道出了她知道的奸情并说要离婚。约翰以为是葛伦讲

出去的，暴怒地找到葛伦，把他关在门外，他在房间里看起了安的录像带。

在录像带里，安讲到她从来没有过高潮，也没有想要和丈夫以外的人做爱。因为想和男人做爱是辛迪亚的想法，她不想和辛迪亚一样。但是安说她想到过的男人是葛伦，然后问葛伦有没有想到过她。葛伦说他想过安在高潮时的样子，安开始访问和反拍起了葛伦，录像带里的人物转向了葛伦。葛伦觉得自己虽然性无能，却比安他们生活在谎言中健康多了，安表示认同，并认为走进镜头影响到了她的生活，这种事不该发生的。

看完录像带出来，约翰告诉葛伦，9年前他和葛伦的女友上过床。感受到欺骗的葛伦把录像带全毁了。其实这次回来，葛伦已改掉了以前说谎的毛病，就为了和女友重修旧好。

安和约翰离了婚，和葛伦走到了一起。人们只有放弃那些谎言的时候，才能获得真实的性爱与生活。约翰失去了家庭，事业也出现了危机。

## 【枫哥点评】

有多少夫妻，就在种种谎言中生活？不爱了却要强装甜蜜，不幸福，却要保持婚姻的外壳，性生活并不如意，还要摆出姿态掩饰性欲。逃避本身就是一种谎言，骗得了别人却骗不了自己。当人与人面对面接触时，一派谎言，只能依靠影像里冰冷的镜头展现真相，是不是很悲哀呢？不要自欺欺人，不要对性虚妄浮夸，也不刻意压抑自己的情欲，直面现实，才能最终获得性爱的能力与欢愉，这是该片对我们的启示。

**影坛地位：**1989年导演索德伯格的处女作，一鸣惊人，获戛纳电影节最佳影片及最佳男主角奖。

# 《本能》：爱很杀

## （首映时间：1992年）

平静的夜被尖锐的警笛声打破。

警察赶到前摇滚明星约翰尼的家里，发现他在与人发生性行为时，被冰锥刺穿颈动脉，当场身亡。

约翰尼的女友凯瑟琳是一名悬疑小说作家，她刚出版的小说《爱之痛苦》中情节与凶杀案十分相似。这是巧合还是别有用心呢？警官尼克和盖斯将她带回警局进行调查。

漂亮性感的凯瑟琳身穿白色短裙，修长的大腿和挑逗的言语时刻诱惑着对面的警察们。

“我没有笨到用自己书里的方法去杀一个人，再宣布自己是杀手。”她解释道。

警官可不吃这一套：“或许那正是你脱罪的方法。”

果真如此的话，凯瑟琳无疑是个可怕又智商超群的凶手。可是指控她的证据并不充足，她被无罪释放了。



警官尼克感觉到凯瑟琳身上有众多疑点。他到凯瑟琳的家，上楼之后赫然发现桌上铺满报道他事迹的报纸。他心里“咯登”了一下。

“我把你当作了下部小说中的主人公——一个杀过人的探长。”凯瑟琳笑着告诉他。

被调查的嫌疑犯却反过来调查他，尼克感到了莫名的压迫。更令他惊讶的是，他因为值勤时的几起误杀事件而接受内部心理辅导的事情都被凯瑟琳说了出来，这些内容本应只有警局的心理医生——也是他的现任女友贝思知道。

是谁将秘密泄露给了凯瑟琳？

原来是同事尼尔森威逼贝思透露了报告的内容。尼克知道这件事情不久，尼尔森就被人用手枪击中脑部，死在自己的车里。刚刚才与尼尔森发生过争执的尼克被指为嫌犯，立刻被停职。

已经有两个人被杀，凶手是同一个人吗？动机又是什么呢？

尼克还没去找凯瑟琳，凯瑟琳却主动找到他。她对尼克抛出了诱饵：“想跟踪我的话，我今晚午夜可是会出门哦。”

凯瑟琳意欲何为？疑窦丛生的尼克决心加入她的情欲游戏，解开谜团。

当晚，他在混乱的酒吧里找到了火辣的凯瑟琳，那一夜，两人极尽鱼水之欢。

一夜风流的尼克立刻身陷险境。一辆跑车咆哮着撞向尼克，幸亏他身手敏捷地躲开，跑车跌进施工的大坑，当场车毁人亡。

原来是凯瑟琳的同性女友罗西嫉妒尼克，想要杀人灭口。这时尼克不禁回想到之前的凶杀案，约翰尼是否也是被罗西因妒忌所杀？

伤心的凯瑟琳否定了这个假设。罗西不会妒忌，妒忌者另有其人，是她大学时有过一夜风流的女同学，至今还对她纠缠不休。

妒忌者是谁？她就是凶手吗？

经过曲折的调查，尼克赫然发现凯瑟琳提到的同学竟然是改名换姓之前的贝思！

可是贝思的说法却与凯瑟琳刚好相反，她说她才是被凯瑟琳纠缠的人。

究竟谁在撒谎？

尼克暗中调查贝思，发现她的前夫也是被人用手枪射中脑部而死，这件事只有尼尔森知道。

难道贝思真的是凯瑟琳的仰慕者？因为嫉妒杀了约翰尼，又因为尼尔森知晓一切杀了他？或者说，凯瑟琳才是贝思的仰慕者，因为嫉妒杀了她的前夫，又做这一切嫁祸给贝思？

事情发生了关键性的转折。警官盖斯找到了凯瑟琳和贝思的大学室友。可他上楼找人，却久久未回。尼克发觉不对赶上楼时，发现盖斯已经被袭击而死。凶手又一次出现了。

是谁？

狂怒的尼克看到贝思从楼梯间走了出来。

贝思显然对面前的状况一头雾水，她只说是有人通知她来见大学的室友，根本不知道发生了什么事。可是种种巧合已经令尼克对她失去了信任，两人对峙中，尼克最终“砰”的一声开了枪。

贝思大睁着无辜的双眼死去了。

随后，警方在搜查中发现，贝思家果然有着杀人的证据：冰锥、约翰尼与凯瑟琳亲密接触的剪报，还有手枪。之前的疑点似乎都得到印证。从警方看来，贝思似乎就是连续

犯下几起凶杀案的凶手了。

然而尼克却丝毫没有已破案的轻松。他觉得自己可能犯了大错，可是又不愿意承认这个错误。这时凯瑟琳又来找他，给他身体的快感与慰藉。两人到达高潮时，凯瑟琳的神思开始恍惚，她在静静地犹豫着。

所有人都不知道，之前杀死约翰尼的冰锥此刻正躺在床下，沉默地等待凯瑟琳的决定。

真正的凶手——是凯瑟琳。



## 【枫哥点评】

情欲解放的女人，利用男人“好性”的弱点，轻易将他们操纵于股掌。自古“英雄难过美人关”，多少男人栽在了石榴裙下。从这部电影里被凶手所迷惑的正直警官，到如今的 “日记门局长”、误将微博当私密聊天工具而公开调情的“微博局长”，似乎都是因为性欲而惨遭人生的滑铁卢。不过性欲本身无错——“性本善”，可以说性只是一种能让人快乐的本能，而善恶之分就在于追求性快乐的人是否自觉用道德和法律来约束自己。

影坛地位：1993年MTV电影奖最性感女演员和最佳女演员表演奖。

# 《情迷干洗店》：错乱性角色

**（首映时间：1997 年）**



让和妮科尔结婚15年，夫妇俩在镇上兢兢业业地经营一家干洗店。步入中年的让不苟言笑，保守内向，妻子妮科尔活泼自然，她虽然不满枯燥的生活，但仍和丈夫一样认真友善地对待顾客。

那天，他们一时冲动，去酒吧参加了一个同性恋聚会，认识了在台上男扮女装演出的路易克，感受到他特殊的魅力。不久，他们在自己的干洗店发现了那天舞台表演者所穿的衣服。路易克很吸引人，妮科尔开始对他上心。

他们再去酒吧看易装表演。路易克和他的妹妹玛丽琳是对舞台搭档，两兄妹都爱寻求性爱刺激，让夫妇和他们熟识起来。有一次，聚会时他们都喝醉了，在酒店开了房。让在神志不清中和玛丽琳抱在了一起，而路易克却和妮科尔纠缠在一起。让突然惊醒，带着妮科尔恼怒地离开。

之后，易装剧团离开小镇到别的地方演出。妮科尔很失落，让却提出到瑞士巴塞尔度假，而巴塞尔正是路易克兄妹表演的下一站。妮科尔对丈夫的提议颇感意外，她却不知道，让在内心抵触着不和这对有乱伦之嫌的兄妹有关联，但身体却不由自主地被吸引。

他们和两兄妹又相遇了。玛丽琳有了男友，不想继续表演，路易克没了搭档，面临失业，从而和玛丽琳的男友大打出手，晚上无家可归，找到了让夫妇住的旅馆。



让和妮科尔回到小镇。失意的路易克也找来了。夫妇俩为了帮他摆脱困境，请他在干洗店帮忙。路易克聪明又能干，在干洗店安顿了下来。

其实，路易克和妮科尔早就情不可耐，常在夜深人静时在洗衣房里缠绵。让察觉到两人的关系，心里愤怒，却没有点破。他也不知道是因为出于对妻子的爱护，还是他自己本意就不愿因此让路易克离开。

让的母亲却一直看路易克很不顺眼。从一开始，让要收留他在店里，她就极力反对。后来，她从路易克的行李箱里搜出把手枪，趁机大闹一场，坚决要把路易克赶走。让在无奈中叫路易克离开了洗衣店。



但是，撵走了路易克，让心里空空落落。受不了煎熬的他请路易克回去工作。

路易克阅人无数，怎么能不洞悉让的心思呢？他早已察觉到让对他微妙的情愫。他坐在床上，直接对让说：“来吧！”让听到他赤裸裸的要求，有种被羞辱的感觉，掉头就走了。

被勾起的欲望无法遏制，路易克回到了干洗店，但他不再和妮科尔缠绵。妮科尔很快感觉到丈夫和路易克之间的关系，彻底绝望。

让和路易克有了空间。在地下室，路易克意乱情迷，从身后抱住了让。让内心的渴望喷涌而出，他释放了自己的情欲，和路易克发生了关系。但是这一切，让却难以接受，他感到羞辱、恐惧，转而自责，愤然拿起身边的熨斗，对着路易克的脑袋用力地砸去……

路易克死了，即将决堤的欲望就此被扼杀。让和妮科尔又站到了一起，他们处理干净路易克的尸体，就像什么事情都没有发生一样，又回到从前沉闷但平静的生活。

## 【枫哥点评】

夫妻俩携手几十年，共同奋斗，有了点钱，但是生活又变得沉闷而无聊，这是很多中年夫妻的写照。有的人开始寻找刺激，比如参加换妻俱乐部，参与SM性游戏，举办性派对。欲望的错位，带来的只能是感官的刺激。物极必反，放纵之后是更加空虚，甚至让自己的家庭踏上危险的旅程。



影坛地位：获第53届威尼斯国际电影节最佳编剧，第23届法国电影恺撒奖最佳男新人奖。

# 《欲望都市》：我享受我存在

**（首播时间：1998年）**

纽约，一个纸醉金迷的美国都市，在这里，一夜情和奢侈品一样常见。曼哈顿区，住着四位已不再年轻，却事业有成、光鲜靓丽又性格迥异的单身女性——凯莉、玛兰达、萨曼莎和夏洛特。平日她们常常欢聚在咖啡馆里，分享和交流所交往的男性的故事。彼此之间见解不一并不能妨碍她们的热烈讨论，她们的话题可谓百无禁忌：床上游戏、双性恋、床伴的尺寸、性怪癖等，什么内容都有。

离开咖啡馆，四位女性各自都拥有曲折又多彩的生活。

凯莉是著名报纸专栏作家，开设专栏名为“欲望都市”。善于倾听的她聪明又敏感，是男人和女人的理想女友。作为一个需要体验生活寻找两性关系答案的作家，她试过做风流的寻欢者，也试过与年轻小伙玩激情游戏，但经历复杂的她发现自己只想与能征服自己的人在一起。某一天，她遇到了40多岁的比格。比格优雅又绅士，但老奸巨滑，对凯莉若即若离。当他邂逅了模特娜塔莎后，抛开凯莉与其闪电结婚。伤心的凯莉与另一个深爱她的居家好青年亚当好上了。但当比格回头，凯莉的左右为难令亚当只有选择心碎地离开。此后凯莉试过努力维持与作家杰克的关系，但却因杰克不能接受凯莉比他成功而作罢。凯莉又找到一个看起来靠谱的艺术家佩特罗斯基，结局是，他将凯莉带到巴黎想一起开始新生活，但一直与凯莉纠缠不清的比格却寻到巴黎，将舍不得他的凯莉带回了纽约。



女强人玛兰达作为一个睿智又独立的律师，遭遇过许多可怕的约会对象，有的喜欢在做爱时被打屁股，有的喜欢与多个女人聊电话做爱……这一切令她心灰意冷。所幸的是，她最终还是遇到一个真心呵护她的酒吧侍应——斯蒂夫。当玛兰达渴望有人陪伴时，斯蒂夫应邀与她同居。可不同的阶级出身令他们相处时产生种种矛盾，加上玛兰达对爱情的悲观多疑，两人两度分合，最终斯蒂夫凭着深情与努力打开了玛兰达的心扉，两人低调地在小区花园举行了婚礼，并且很快有了孩子。

萨曼莎是个风骚尤物，与无数的男人发生过关系。作为一个公关经理，职业就是与不同的人打交道。她擅长此技，并且精通如何让各式男人，甚至包括女同性恋臣服于她的石榴裙下。但她有一个原则，那就是绝对不去染指女友的男朋友。可是阅人无数的她最后却栽在一个纯情男生斯密夫身上。当她患了乳癌时，是他无微不至的关怀和不离不弃的坚持打动了交际花的心。斯密夫义无反顾地对萨曼莎说出了：“我爱你！”两人最终成为美满伴侣。

身为画廊经理的夏洛特是个文艺青年，年已30还相信终有一天英俊富有的白马王子会降临到自己面前，为她打开通向幸福的大门。可惜的是，她也经常遇到各种怪癖吓人的奇怪男性。当符合她心目中完美对象条件的特瑞出现在她身边时，她未及相处就闪电结婚，结果惊讶地发现特瑞竟然性无能……与特瑞离婚时，负责案件的律师哈利完全与夏洛特梦中情人的形象背道而驰，却给了她快乐的性并且两人相处甚欢。夏洛特爱上了他，甚至为他成为犹太教徒。不幸流产后的夏洛特无法拥有孩子，两人最后领养了一名中国小孩，快乐地生活着。

四位女性最终摆脱了快乐与痛苦交织的单身生活，在一个个品性各异的男人中学习与成长，相继走向各自的幸福和婚姻。但婚姻并不是终点，纽约依然是纸醉金迷的纽约，性欲与爱交缠导致的各种问题依然在四位女性的生活中持续上演，像是一出永无结局的连续剧。

## 【枫哥点评】

现代都市不乏这样的单身女性：周旋在各种男人身边享受情欲，而她们真实的想法不过是想在这个忙碌且充满欲望诱惑的城市里寻找真爱。她们追求性自由新生活，以此表明纵情声色不再是男性的专利，女性也值得拥有。这类女性的勇气与胆识是令人佩服的，但如果内心不够强大，就有可能事与愿违，因为天堂与地狱仅一步之遥。



影坛地位：一部获得无数艾美奖和金球奖的电视系列剧。

# 《罗曼史》：情欲的危险执著

（首映时间：1999年）

模特保罗在摄影棚很阳刚地扮演着斗牛士拍照，女友玛丽在等他。玛丽是位清纯美丽的小学教师，看起来和保罗是很般配的一对，但糟糕的是，他们在一起几个月，保罗几乎不碰她。她采取主动，尝试用各种方式挑逗他，保罗不是难有起色就是冷淡拒绝。每晚他们同床共枕，玛丽觉得他们的生活就像他们住的公寓一般，一片死白。

共进午餐时，玛丽说如果躺在一起却不碰她，怎么知道他还爱她呢？保罗却一再说他是爱她的。

在酒吧，保罗散发着男性的魅力，吸引着舞厅的女人和他共舞，玛丽却被视若无物。她不开心地走了，保罗又气急败坏地追上去埋怨她扫兴。

晚上，玛丽再一次挑逗保罗，保罗却把电视机打开。她恳求他如果他不能做，但如果爱她，起码应该配合一下，保罗无动于衷地转身睡了。

渐渐地，玛丽发现，喜欢凌驾于人之上的保罗并不是身体或心理有缺陷，而是他享受着占有者的身份，从玛丽的讨好和恳求中感到满足。玛丽认识到这样的爱是愚蠢的，权力才是一切。她以为，当女人背叛时，男人就会想要。道理很简单，这不是因为男人怀疑女人不忠，而是因为他知道她将离他而去。男人喜欢征服，享受征服。



挫败感和孤独感，让玛丽陷入苦闷中，她越来越怀疑保罗的爱，决定去寻找刺激。夜半，她在酒吧和一个陌生男人搭上线，有了一场完美的性爱。可随之而来的，却是空虚无比。

因为魂不守舍，玛丽给学生上课时走神，被校长罗伯特察觉。罗伯特邀请玛丽去他的豪华别墅，并称自己虽其貌不

扬，却是情场高手，阅女无数。他对玛丽温柔体贴，滔滔不绝说到爱与欲的关系，还亮出了他的私人所好，绳索、手铐、皮带等性虐工具。在他的诱引下，玛丽着魔般任其摆布……

玛丽得到了向往已久的快感，她从第一次的害羞落泪，到最后玩上瘾。

玛丽深夜回家，发现保罗不在，后来看到他在一家餐厅静静地看书，她独自落寞地回家。在楼梯口，一个黑人强奸了她，她却并没怎么反抗。

也许是她身上的变化，引起了保罗的注意，带她上了一次床。这不是完整的一次性爱，而玛丽干脆坐到了他身上，保罗却将她推倒在地。他们虽然做爱了，却像是保罗的施舍。

玛丽有了身孕，是那次强奸带来的恶果。保罗以为是他的，和玛丽结了婚。婚后，保罗依然流连歌舞厅，和风骚的女郎热舞，保持着他的男性受欢迎程度，挺着大肚子的玛丽备受冷落。

每隔一段时间，玛丽独自去医院做妇科检查。当医院的实习生，戴着乳胶手套，把手指伸进她的子宫时，玛丽却生出许多性幻想。很奇异的一个画面是，和她一样躺着的女人们，下半身在一面白色墙壁之外，张开双腿经历着无数个闲荡的男人，而上半身，保罗正笔挺潇洒地站在她的床边，关注地凝望着她。这或许就是玛丽经历的情欲之路。

临近生产，保罗酩酊大醉，怎么都推不醒，玛丽彻底绝望了。她离开了公寓，同时拧开了煤气。不一会儿，玛丽在医院的生产过程被真实再现，在孩子出生的刹那，醉梦中的保罗也在一声剧烈的爆炸声中死去。

在保罗的葬礼上，玛丽身穿一袭黑裙，神情木然地抱着刚出世的儿子。玛丽给儿子取名叫保罗，她终于有了对“保罗”的所有权。



## 【枫哥点评】

社会发展至今，已有很多女性能为“自我”做主，她们追求真实独立的情感，毫不掩盖丰富而强烈的欲望，渴望着爱也渴望美好的性。女人和男人一样可以平等地追求性爱，具有掌握自己的身体和生活的权利。但有时，追求情欲之路可能会出现偏差。如果冒着被侵犯的危险，却再三宣告自己在情欲上已经自主，不再为男人所控，独立于男人而存在，那实在是虚妄！

影坛地位：1999年获英国独立电影最佳外语片提名。

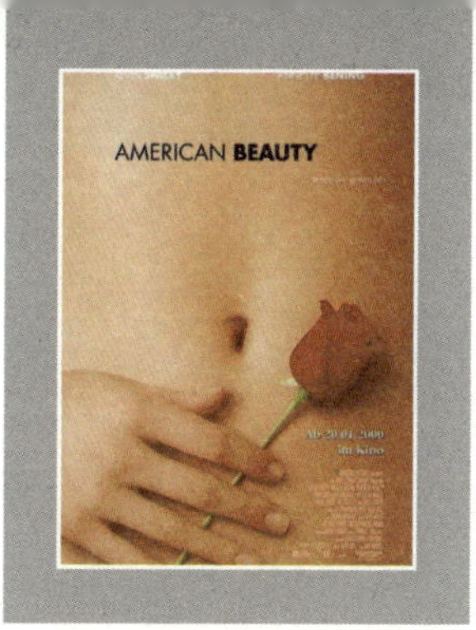




# 《美国丽人》：非正常幻想

（首映时间：1999年）

42岁的莱斯特供职于一家广告公司已经14年了，可是最近却陷入了裁员危机。妻子嘉莲是一个有事业心的房地产经纪，在家庭琐事与事业困境中倍感压力。女儿珍妮是个典型的少女，因缺少爱护而感到生活无趣。妻子和女儿都觉得莱斯特是个失败者，他活在这种种不愉快中，每日的高潮就是早起沐浴时的自慰，人生的钟似乎已经停摆。

为了拉近与女儿的距离，嘉莲拉上莱斯特去学校观看女儿的拉拉队表演。表演中一位耀眼的少女吸引了莱斯特的目光，他觉得她如玫瑰般含苞欲放、美丽诱人，对她产生性幻想的那一刻，莱斯特感觉身体中有什么东西重新活过来了。

散场之后，珍妮将少女安琪介绍给父母，莱斯特过于赤裸的目光令珍妮感觉丢脸，可不甘平凡的安琪一下子就看破了这个中年男子的寂寞，还对他对自己的垂涎感到高兴。

另一方面，珍妮发现新来的邻居——18岁的力奇用摄像机偷拍她，她对他产生了浓厚的兴趣，可据说力奇曾被送进精神病院。力奇的父亲费法兰是个对世界充满敌意的海军上校，总是要求儿子遵守纪律。

在一次商业晚宴上，当妻子忙着向成功的对手“房地产王子”柏德讨教时，莱斯特遇见了做侍应的力奇。看到莱斯特并不愉快，力奇邀请他一起吸大麻。原来年轻的力奇靠贩毒来赚钱，莱斯特爱上了吸大麻的感觉。



更令莱斯特惊喜的是，他在家里看见了来家中过夜的安琪——他的生命之光。在偷听两个女孩谈话时，莱斯特听到

安琪竟然说若是他能将手臂与胸肌练大点，是会与他做爱的。从窗户的反光看到自己糟糕的裸体后，莱斯特开始决心改变自己。

他每日早起晨运，不再对妻女唯唯诺诺。在公司，他甚至还写了一封挑衅的报告，要挟主管，多要了一年薪水和福利，风光地辞职了。他去应征快餐店的工作，说自己已经没什么可损失了，因此过得更加快乐。

妻子嘉莲在那次晚宴与柏德勾搭上后，很快就与他共赴云雨，找到了情感的新依靠。

珍妮与力奇也开始一起走路回家。力奇喜欢用摄像机拍摄引人入胜的事物，他将自己最得意的作品——一只被风吹得飞舞的胶袋展示给珍妮看。他说世事万物都有生命，美得令他的心几乎要陷落。听他说话间，珍妮爱上了他。

家里的气氛依然沉重，莱斯特和嘉莲当着珍妮的面在餐桌上翻脸了。伤心的珍妮只能在力奇那里得到爱。她和力奇上了床。



莱斯特并不知道这一切。他在快餐店工作时，凑巧地遇上了与情人柏德来买快餐的嘉莲。他表现得一点也不在乎，甚至对离婚后还能分到一半财产感到高兴。可是为了保持成功人士的形象，柏德是不会离婚的，他与嘉莲分手了。

下着瓢泼大雨的夜，感到一切破灭的嘉莲在车里歇斯底里地哭起来，她拿出手枪想要自杀，但挣扎到最后还是决定“不做牺牲品”。她收拾心情后决定回家。

莱斯特吸完了大麻，叫力奇再送货过来。力奇的父亲费法兰怀疑儿子与莱斯特搞同性恋，从家里的窗口偷窥他们交易时，因为角度问题误会儿子在帮莱斯特口交，于是在儿子回家时愤怒地一拳挥了过去，对着儿子大吼“我宁愿儿子死了也不愿他是基佬！你滚！”对父亲的专制早已失望的力奇吞回了解释的话，决定离家出走。

力奇带着钱找到了珍妮，问她是否愿意跟他一起去纽约。在珍妮家过夜的安琪极力阻拦，三人吵了起来，安琪被气哭得跑下了楼。

百感交集的费法兰找到了他误以为是同性恋的莱斯特，向他展露了真实的自己，凑上前吻了他——他是个同性恋。

可是莱斯特惊讶地推开他，说他误会了。费法兰只好狼狈地逃跑了。

打发完费法兰，莱斯特走进屋里赫然发现自己梦寐以求的玫瑰——安琪正缩在角落里听音乐，因为伤心正需要抚慰。他几乎不敢相信这是真的。他走上前吻了安琪，解开她的衣服以为自己快要实现梦想时，却听到安琪说她是第一次。莱斯特说你是在开玩笑吧，可看到安琪局促的表情，他相信了那是真的。

一向自命不凡的安琪其实只是怕被人群淹没所以才哗众取宠。莱斯特的心灵不知为何，突然间就重归了平静。他用衣服包裹起可怜的安琪，温柔地亲吻她。他煮了东西给安琪吃。当安琪进了洗手间，他独自看着家庭照片，想着可能要一切重头开始时，一只手枪指向了他的脑袋，“砰”一声——费法兰结束了莱斯特的一生。

## 【枫哥点评】

片中将“从某种意义上说，我已经死了”的主角莱斯特拯救出来的，却是他对一个鲜活、青春少女的欲望——美丽的性幻想竟然能令人对生活也燃起了激情，性的功劳可谓大矣！圣人告子云“食、色，性也”，难怪许多成功人士都喜欢老夫娶少妻了。当然，别忘了，莱斯特的结局可是凄惨的一枪爆头——可见抛弃一切伦理道德来放纵欲望是需要付出代价的！

**影坛地位：**获1999年度第72届奥斯卡最佳影片。

# 《漂流欲室》：畸恋沉迷

**（首映时间：2000年）**

荒渺的湖面上，浮现着好些用铁锚沉在水底固定的小木屋，外表简陋，颜色各异。一个警察，杀死了背叛自己的女友和她的情人，逃到了这里。不会说话的哑女用小木舟把他送到了黄色的小木屋里。

哑女住在岸边的木房子里，靠卖食物、用木舟接送客人和卖身为生。遇到欺负她的客人，晚上她会潜入水底惩罚他们。这个警察的到来，引起了她的兴趣。她觉得他和别的男人不一样。

警察回想起杀人的一幕，在小木屋里痛哭，被哑女窥见。晚上，当警察举枪准备自杀时，潜入水底的哑女甩出鱼钩，打落了他的枪。

哑女观察着警察的一举一动。他在小木屋的甲板上钓鱼，她在岸边注视，用镜子反射到他的眼睛，引起他的注意。一个大雨天，在木房子里喝酒的哑女，怔怔地看着对面，拿了瓶酒驾着小木舟去了警察那里。她在甲板上喝酒，警察出来，她把酒递给了他。突然，警察靠近了她，把她按在了甲板上，哑女奋力反抗，把警察推到了水里。他见过她卖身，以为可以随便上她，却不曾想遭到哑女誓死的抵抗。哑女以为他和别的男人不一样，原本只想和他有亲近的感情交流，警察的兽性让她大失所望。自此，两人的关系变成了一场互相占有的战争。



哑女走了，警察随即打电话叫来了经常到湖上来的妓女，哑女冷冷地看着她，很不情愿地把妓女送到了黄色小木屋。冒着暴雨而来的妓女急躁地催促着警察赶快完事给钱。警察却只喝咖啡，做着手上的工艺活。妓女被他的安静吸引了。

哑女依然在晚上卖身。妓女第二次却主动去了小黄木屋，警察和她热烈地做爱，一回头却看见哑女从揭开的排泄用的木板洞里钻出来半个身子，眼神可怕地看着他。妓女一走，她冲上去抱住警察咬了他一嘴巴的血。

一天，来了辆搜查另一个逃犯的游艇。警察在小黄木屋里，看到躲在附近一个小木屋里的逃犯被抓获，心里极度恐惧，他又想到了自杀。他把鱼竿上一连串鱼钩吞进了喉咙。搜查艇正在向小黄木屋驶来，哑女把警察扔进了木板洞的水里，仔细地擦拭着地板上的血渍。

搜查艇上的人在小黄木屋里没发现异样，转身离开。哑女用鱼竿把奄奄一息的警察从水里钓起，用木棍把他的嘴巴支开，小心地用老虎钳把血迹斑斑的鱼钩钳了出来。警察呻吟着，为了减轻他的痛苦，哑女趴在了他的身上，让他进入自己的身体。哑女每天照顾他，用扇子在他的嘴边扇风，直到他复原。

妓女又主动过来了，要哑女载她去小黄木屋。哑女把她送去了很偏僻的紫色小木屋，然后把她捆绑起来留在了屋子里。哑女去了小黄木屋，警察沉沉睡着，她抱住警察安静地睡在了他的身边。



第二天一大早，哑女去了小紫屋，却发现妓女自己爬出屋子，滚落在水里淹死了。她回到岸边，把妓女放在摩托车上载到了小紫屋，并用重物捆绑着沉落湖底。

喜欢妓女的客人，知道她来看过警察，妒火中烧地追到了湖边，自己驾着哑女的小木舟上了小黄木屋。他嘟囔着妓女在哪里，对警察大打出手。不明就里的警察愤怒还手，把他打进了水里。客人在水里扑腾着，没几秒就沉落水底了。警察目瞪口呆地看着，却见哑女鬼魅般从水里钻了出来。

哑女又带着警察把客人的尸体带去了小紫屋沉落湖底。警察摸着妓女留在甲板上的高跟鞋，感受到的是无力与窒息。

回到小黄木屋，警察狂乱地剁着钓上来的鱼发泄，血溅到了他的脸上。哑女抱住他，他让她走开，她再抱住他，他把她推倒在甲板上。他决定离开，哑女不让他走，警察大喊："我不是你的男人！"

哑女驾着木舟走了。警察游泳去岸边，中途差点淹死，哑女用鱼钩勾起了他，把他送回小黄木屋。警察一边打她，和她做爱，喉咙里一边发出绝望的哀嚎。



第二天早上，警察一睁开眼，却看见旁边收拾好的行李

包。哑女假装睡着，警察驾着她的小木舟离开。哑女痛哭，看见甲板上串起来的鱼钩，把它塞进了自己的下体。她想毁灭自己的欲望之源，借此逃避没有出路的生活。撕心裂肺的惨叫声传来，男人慌忙调转了船头。

哑女浑身是血地掉进了水里，警察把她钓起来，痛苦地抱在怀里，她成了因欲望而上钩的鱼。他用钳子把鱼钩一个个钳出来，用扇子帮她扇风，就像哑女照顾他一样。他搂着她，为她梳头发，在她头上插花。

他俩这种互为鱼饵、互相咬钩的生活结局会是什么呢？

小紫屋那边的摩托车被人发现。事情眼看要败露，哑女把小木舟毁坏，把马达装在了小黄木屋上，拔起铁锚，任小黄木屋随意漂流。

他们的未来在何方？结尾的画面很诡异，警察迅速地游进一片芦苇丛，哑女的裸尸却漂浮在小木舟上，而她下体的阴毛宛似那片浓密的芦苇丛……

## 【枫哥点评】

对于大多数的男人来说，性重于爱，而女人恰好相反。女人在爱情里迷惑，为了爱想要占有男人；男人在欲望里挣扎，想要离开却又离不开，结果互相纠缠，甚至做出失去理智的疯狂之事，导致两败俱伤。男女之间的相互控制，是一场两性战争。对于欲望的深渊，我们要逃离，要抗争，而不是任其吞噬。如果永远陷在欲望丛林，那绝无出路。

影坛地位：获威尼斯电影节最受欢迎亚洲电影、法国国际电影节最佳女主角及评审团特别大奖等。

# 《西西里的美丽传说》：少年之欲

（首映时间：2000年）

“初次见到她，我只有12岁半。即使现在年纪大了，脑袋不听使唤，我依然清清楚楚记得那一天……而我有了第一辆单车。”

这是电影一开场，雷纳多回忆玛琳娜的话。他见到她的那一天，和伙伴们围坐在河堤边，目瞪口呆地看着玛琳娜穿着透明丝袜，微露胸口，踩着白色高跟鞋款款而过，一个念头瞬间击穿他的心：与她销魂，死也甘心。

从此，雷纳多就骑着他的单车，尾随着玛琳娜的身影穿梭在大街小巷。玛琳娜是独居少妇，和丈夫尼诺结婚后，从乡下被带到了镇上，但婚后一个月，尼诺就上北非战场了。她被视为镇上最绝色的佳人，就算在黑夜里人们都能感受到她的光芒。她每次走过路口，都引来阵阵骚动。镇上的男人疯狂了，所有的焦点都在她身上，镇上的女人则嫉妒得咬牙切齿，交头接耳谣传她是个勾三搭四的淫娃。雷纳多感受着这一切，内心涌动的是不安。

某天半夜，时时幻想着玛琳娜的雷纳多，翻墙进了她家的小院落，在窗户上挖了个洞往里窥视。玛琳娜穿着睡衣在厅里听收音机，脸上忧心忡忡，看得出是在挂念着战场上的丈夫。而在另一天，他看到玛琳娜放着音乐，凝视着照片里的丈夫，抱着照片翩翩起舞。镇上的议论越来越多，说玛丽娜这样的性感新妻子一定会红杏出墙。



雷纳多说不出真相，苦恼的他写了一封信，但是没有勇气寄给玛琳娜。他在信上说："这个城镇对你有很多闲言闲语，造谣的人说你有个秘密情人，这不是真的，你不会有情夫的，除了丈夫之外，你心目中唯一的男人就是我。"

这完全是一个小男孩青春期着了魔似的心语。

不幸的是，前线传来消息，玛琳娜的丈夫阵亡了。那天，雷纳多爬墙过去，看见玛琳娜躺在床上哭泣。他幻想着能上前安慰她亲吻她，对她说："从现在起我会常伴你身边，给我一些时间让我长大吧……"

镇上的男人则喜上眉梢，打着玛琳娜的主意，说可以追求她了，说她大可以勾三搭四了，雷纳多则在他们的酒杯里吐口水。女人们则说玛琳娜是天生的淫妇，不是和张三就肯定和李四在勾搭，雷纳多就在她们的手提包里撒尿。他还跑到教堂，祈求神保护玛琳娜，保护她几年，然后由他接手。他的所作所为都很幼稚，这或许就是雷纳多能想到的帮助和保护玛琳娜的方式吧。

灾难还是降临到玛琳娜身上。牙医太太诬告她勾搭有妇之夫，将她送上了法庭。虽然她赢了这场官司，但是垂涎她美色的老律师要求她以身体报答。玛琳娜付不起律师费，镇上的人都不雇用她，没有收入，她被迫屈从了。

这一切，被偷窥的雷纳多看在眼里，他痛心地闭上了眼睛。



战事告急，食物短缺，玛琳娜已经无以果腹。男人们以食物为诱饵，玛琳娜一句“只要有食物就行”，走上了接客之路。她擦上红唇走上街头，男人纷纷为她点烟，她眼里闪动的是泪水。到后来，玛琳娜开始接德国军了。

无休无止的性幻想、自慰和对玛琳娜的无奈堕落的痛心，折磨着雷纳多。父亲意识到他是男子汉了，需要女人，于是带他去了妓院，对他说：“做吧，不要紧。”雷纳多在忐忑中，找到个很像玛琳娜的妓女，完成了自己的第一次。

战争结束，德国佬撤退，玛琳娜被镇上的妇女揪到大街上，撕破她的衣服裸露着身体肆意辱骂和毒打，并剪掉她的头发。满是伤痕的玛琳娜向着围观的男人求救，但是没有人站出来。雷纳多悲伤地看着，无能为力，他只是一个少年。

玛琳娜被轰出了小镇。戏剧性的一幕发生了，尼诺并没有阵亡。他在雷纳多的指引下，找回了妻子，并把她带回了镇上。玛琳娜一声：“你早！”宽恕了镇上的人们。雷纳多又骑上了单车在远处哀伤地注视着她。当看见玛琳娜的袋子破了，土豆都滚落在地，他急忙骑车上前帮她拣起，对她说：“祝你好运，玛女士！”那是他们唯一有过的一次交谈。

雷纳多骑上自行车飞奔而去，内心在独白：“好像要逃避似的，逃避的是我对她的一段纯真之情。岁月匆匆，最近我爱上过很多女人，当她们紧紧拥抱我时，问我会不会记挂她们，我相信我当时的心里是会的，但唯一我从来没忘记的是一个从来没问过我的人，她是玛琳娜。”这已足够道出一个女人在他的青春岁月里划过的痕迹。



## 【枫哥点评】

这或许是每个经历过青春年少的男孩都曾有过的状态，迷茫，憧憬，不知所措，又难以压抑情欲，充满了青春期的萌动与焦躁。或许，还有即将进入成人世界时的惶惑。这个时候，我们怎么过？不要害怕，因为这基本是每个人的必经之路。与其在无止境的性幻想中沉沦，不如让自己多获得点爱的力量，爱能为自己带来正面的能量，从而走过年少时代，走向成长。

**影坛地位：**获柏林国际电影节柏林金熊奖、金球奖、英国学院奖最佳外语片奖。

# 《钢琴教师》：压抑的另一端

**（首映时间：2001年）**

40岁的钢琴教师埃利卡仍然单身，她与母亲住在一起，两人相依为命。母亲从小要求她学习钢琴，对她极为严厉，像有强迫症似的监控她的一举一动，让她毫无私人空间。在外人面前，她冷峻、严肃、高傲，对学生也是不苟言笑，中规中矩，清心寡欲。但她内心无时无刻不在煎熬。她渴望爱情，渴望有个男人走进她的生活，但另一方面她扬着高高在上的头颅，对男人嗤之以鼻。

母亲说是爱她，却极端地限制着埃利卡的自由，不许埃利卡买她不允许买的衣服，不许她晚回家。埃利卡有时候会反抗，与母亲厮打，但是内心的压抑让她走向另一个极端。她神色自若地去色情录像厅，听着电视机里传出男女的呻吟声，她吸着从身边的垃圾桶里拣出别人自慰后留下的纸巾。她常去露天电影院游荡，窥探车床族的性爱场面，看到兴奋时，急不可耐地蹲在车旁小解。她喜欢用刀片割自己的私处，看着血流出来。她已经分不清暴力与爱的界限，将绝望与兴奋化为一体。

有一天，工科大学生瓦尔特闯进了埃利卡的生活。瓦尔特长相英俊，很欣赏埃利卡在音乐上的才华，并坚信自己的追求能够融化她。起先埃利卡依旧傲慢，无情拒绝，但私下里开始注意打扮，暗中尾随他。她看到他在演奏会上宽慰一个女同学，从而妒火中烧，将碎玻璃片倒进她的大衣口袋里，毁了那女同学弹钢琴的手。瓦尔特意识到是她所为，也意识到她是要控制他而做出出格的行动，但还是火热追求，百依百顺。瓦尔特确定一个女人终将被一个男人收服。埃利卡却以为自己已全盘掌握一切，像母亲控制她一样完全控制了瓦尔特，她无所顾忌地提出自己的要求，试图颠覆传统的两性规则。


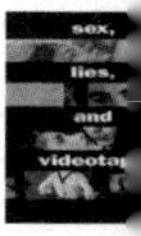

她将瓦尔特约到家中，要他对自己施以性虐待，并且让她母亲听见。原来女教师居然是一个受虐狂！这极大震惊了瓦尔特，他拂袖而去。

瓦尔特似乎不打算继续了，埃利卡乱了阵脚。她心有不甘，找到瓦尔特，低声下气主动要求与他发生关系，并完全顺从他的规则。但是在口交中，她竟然发生了呕吐。这让瓦尔特觉得自己受到愚弄，男性自尊受到挑衅。

为了挽回尊严，更为了报复，在一个夜里，他闯入埃利卡家中，按照她以前所指示的对她实施了强暴。男性的暴力占据了上风，他对埃利卡拳打脚踢，直到她鲜血满身。最后他残忍地强暴了她。躺在地上的埃利卡乞求停止，但瓦尔特无动于衷。瓦尔特在施暴后对她说了一句话："你不能这样侮辱一个男人。”他确实满足了埃利卡之前提出的要他实施性虐待的要求，但是以他的方式。

埃利卡终于明白，男性的暴力如此可怕。她希望通过控制一个男人来达到对母亲的报复，来得到爱，与现实中可能从男性身上获得的爱，又是不同的。而暴力中的性，带来的不是兴奋，却是伤害。



演奏会上再次遇见瓦尔特，他愉悦而略带戏谑地向她打招呼，活泼兴奋地上了楼梯，没事般继续他的阳光生活。她带着满身的伤痕，看着他轻快的背影远去，绝望地停驻在大厅中。之后，她从包里掏出把长长的餐刀，狠狠地插入自己的肩胛，一朵血花绽开，她面无表情地离开剧场，在夜色迷蒙中，漫无目的地走着……

## 【枫哥点评】

极度的压抑已造成主人公略显病态的人格，一方面想逃离母亲，一方面又严重依赖母亲。从小父亲角色缺失，母亲独揽大权，更要注重孩子成长的心理健康和性健康，从而找到合适的教育方式。一旦操纵过火，所谓的爱即是害。

**影坛地位：**2001年获欧洲电影奖最佳女主角，戛纳电影节评委会大奖，戛纳电影节(影人类) 最佳女演员。

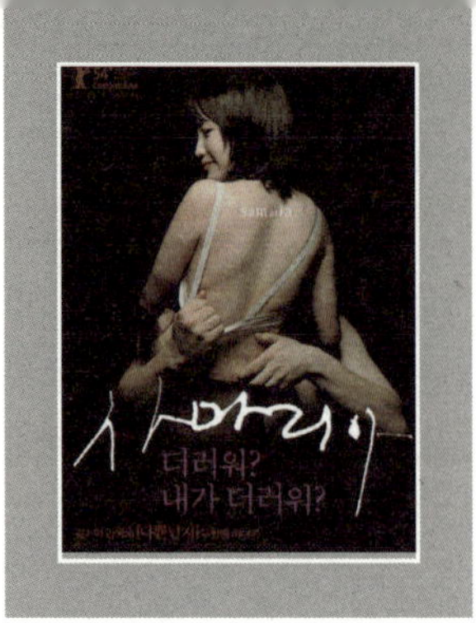




# 《撒玛利亚女孩》：援交的罪过

**（首映时间：2004年）**

“想不想今天见面？”

“你长得漂亮吗？”

“那还用说！”

“能让我看看你的样貌吗？”

正在电脑前对话的倚隽，打开摄像头对准在旁边的洁蓉，洁蓉竖起双手天真地冲着视频甜笑。电脑那头的客人满意地和她们谈好了价钱。

为了有钱买两张去欧洲玩的机票，还是高中生的倚隽和洁蓉走上了“援交”之路。倚隽只负责联系客人，上床的是洁蓉。每次去到宾馆楼下，洁蓉和客人上楼，到房间后打开窗户朝倚隽挥手示意，倚隽在楼下等候，要是看到有警察来查房，就赶紧打手机通知洁蓉。倚隽觉得这样对不住洁蓉，想停手，洁蓉则兴致勃勃地谈论着客人，说要凑齐机票钱。



洁蓉喜欢上她的一个做音乐的客人，倚隽很生气，骂那些人都是肮脏的畜生，侮辱了她这么美好的身体，洁蓉竟然还跟他们谈情说爱。洁蓉说客人还唱歌给她听，他们的关系不仅仅是做爱。

那天却出事了。倚隽因和楼下一个男人发生争执，发现警察上楼的时候已经来不及通知洁蓉。洁蓉来不及跑，爬上了窗台要跳下来，倚隽大叫不要，警察也说不会伤害她，但洁蓉还是跳了下来。倚隽背她去医院，医生让她联系洁蓉的父母，可是倚隽却不知道怎么联系。

两个小时后，洁蓉苏醒过来，说想见做音乐的那个客人最后一面。倚隽连忙去找他，乞求说只要花十分钟让洁蓉临死前见见他，客人漫不经心地说他很忙走不开。没有办法，倚隽提出以自己的身体做交易，让他做快点，客人答应了。可等他们去到医院，洁蓉已经死了。

倚隽悲伤至极，为了减轻内心的负疚感，她决定和洁蓉的客人一个个上床，并把钱还给他们，以完成内心的救赎。因为收了钱就是买卖行为，她要用自己的身体来捍卫洁蓉的纯洁。

她和客人约在洁蓉以前接客的房间，对着镜子擦口红，倚在窗口，仿佛看到洁蓉在楼下朝她微笑挥手，就像她以前对洁蓉做的那样。她跟客人说她是真正的洁蓉，并尽力找回洁蓉的影子，用几乎与洁蓉一样的微笑，服务客人。已经上了年纪的客人拥着她，无比喜悦地说感觉自己像是年轻了十岁，管他什么道德伦理，只要快乐就行。事后，倚隽把他以前给洁蓉的钱还给他，说不再需要它了，并对他表示感谢。客人惊愕地看着她说："应该我给你钱才对……"他突然想到了自己的女儿，有点后怕了。

这样，每还掉一笔钱，倚隽就在日记本里把客人划掉。

致命性的一幕发生了。倚隽和客人在房间，对面楼的一个年轻女孩被杀死在床上，倚隽的警察父亲去勘察现场，正巧看到了对面窗户里的倚隽。他开车跟踪那个男的，截住他下车，打他，质问他刚才和他在一起的女孩几岁。他将车开到路边，直到落叶掉满车身才回家。在家里的床上，倚隽孩子气地抱着大熊睡着了。



第二天，父亲在门口守候倚隽放学跟踪她到了宾馆。在门口，来见面的客人，被他用摔破的酒瓶威胁从来路返回。客人的手机响了，父亲接听，传出的是女儿的声音，问怎么还不来，她5点之前要回家。父亲失声痛哭，不知情的倚隽在那边说："我会安慰你。"

父亲跟踪到倚隽和一个老男人在荒郊的车上交易。他躲在一旁用石块砸车，直到车玻璃碎掉，男人开车逃跑。他跟踪男人到他家楼下，男人意识到什么，跟他说抱歉让他原谅。等男人回了家，父亲按响了他家的门铃。男人一家人正在吃饭，他看着男人的女儿问几岁了读几年级，抽打男人责骂他跟还没有自己女儿大的人睡觉，连狗都不如，就是这种畜生让世界发了疯。父亲走了，老男人从高楼上跳了下去。

忍受着内心的煎熬，即使把手放在滚烫的高压锅上，倚隽的父亲都毫无感觉。因为在路上跟人发生分歧，等他赶到公园，发现和倚隽做爱后的男人已经在车里穿好了衣服。他跟着男人去了卫生间，用手铐打他，失去理智地用砖头把他拍死了。有人发现了尸体大声尖叫，在车上擦着口红等待的

倚隽，知道男人死了，把日记本丢进了草丛里，失魂落魄地回家。尾随在后的父亲拣起了日记本，明白了怎么回事。

父亲带女儿去乡下散心，并一起去了她妈妈的墓地。父女俩各怀心事地在民宿过了一晚。第二天返回汉城，倚隽在车上睡着了，梦见父亲将她掐死，用土埋起来，惊惧地醒了。父亲见她醒来，将车开到一旁，教她开车。倚隽兴奋地开着，远处，早已打电话自首的父亲被开来的警车带走了。倚隽开着车歪歪扭扭地拼命追赶，车陷入了泥泞，她痛哭着看着警车越开越远……

## 【枫哥点评】

女孩的无知，父亲的挣扎，让人的内心无限地痛。女孩利用自己的身体，快速简便地获取自己想要的东西，男人则任自己的欲望蔓延。但是，他们真的都过得了自己这一关吗？一时的快活，一时的贪图，终究无法避免酿成悲剧。歌舞升平的年代，我们无法惩戒所有越界的人，但是每个人都必须为自己的行为负责。

**影坛地位：**2004年获柏林电影节最佳导演奖。